C. S. 루이스의 글쓰기에 관하여

On Writing (and Writers)
Copyright © 2022 by C. S. Lewis Pte. Ltd.
All rights reserved.

Excerpts from *The Allegory of Love: A Study in Medieval Tradition* (Oxford: Oxford University Press, 1936) used by permission of the publisher.
Excerpts from *Christian Reflections* (Grand Rapids, MI: Wm. B. Eerdmans, 1967) and *God in the Dock*, edited by Walter Hooper (Grand Rapids, MI: William B. Eerdmans Publishing Company, 1970) used by permission of the publisher.
Excerpts from *Selected Literary Essays*, edited by Walter Hooper (Cambridge: Cambridge University Press, 1969); *Spenser's Images of Life* (Cambridge: Cambridge University Press, reissued 2013); *Studies in Medieval and Renaissance Literature* (Cambridge: Cambridge University Press, 1966, 1998, 2013); and *Studies in Words*, 2nd edition (Cambridge: Cambridge University Press, 1960, 1967, 2013) used with permission of the Licensor through PLSclear.
All rights reserved.

This Korean edition was published by Duranno Ministry in 2025 under license from The CS Lewis Company Ltd. through KCC(Korea Copyright Center Inc.), Seoul.

이 책은 ㈜한국저작권센터(KCC)를 통한 저작권자와 독점계약으로
사단법인 두란노서원에서 출간되었습니다. 저작권법에 의해 한국 내에서 보호를 받는
저작물이므로 무단 전재와 무단 복제를 금합니다.

www.cslewis.com

C. S. 루이스의 글쓰기에 관하여

지은이 | C. S. 루이스
옮긴이 | 윤종석
초판 발행 | 2025. 5. 7.
3쇄 발행 | 2025. 10. 24.
등록번호 | 제1988-000080호
등록된 곳 | 서울특별시 용산구 서빙고로65길 38
발행처 | 사단법인 두란노서원
영업부 | 02)2078-3333 FAX | 080-749-3705
출판부 | 02)2078-3330

책값은 뒤표지에 있습니다.
ISBN 978-89-531-5081-2 03230

독자의 의견을 기다립니다.
tpress@duranno.com www.duranno.com

두란노서원은 바울 사도가 3차 전도여행 때 에베소에서 성령 받은 제자들을 따로 세워 하나님의 말씀으로 양육하던 장소입니다. 사도행전 19장 8-20절의 정신에 따라 첫째 목회자를 돕는 사역과 평신도를 훈련시키는 사역, 둘째 세계선교(TIM)와 문서선교(단행본·잡지) 사역, 셋째 예수문화 및 경배와 찬양 사역, 그리고 가정·상담 사역 등을 감당하고 있습니다. 1980년 12월 22일에 창립된 두란노서원은 주님 오실 때까지 이 사역들을 계속할 것입니다.

ON WRITING AND WRITERS

우리는 평생 글쓰기를 한다

C. S. 루이스의
글쓰기에 관하여

C. S. 루이스 지음
윤종석 옮김

두란노

CONTENTS

| 엮은이의 글 |
루이스가 초대하는 글쓰기의 세계 ··· 6

Part 1

글자와 행간에
숨결을 불어넣다

글을 잘 쓰고 싶다면 ··· 13

생각을 글로 담아내는 과정의

수고와 기쁨 ··· 34

CONTENTS

Part 2

한 차원 깊은 글쓰기, 그 경이로운 모험 속으로

소설 쓰기 … 61

시 쓰기 … 69

어린이를 위한 글쓰기 … 77

공상과학소설 쓰기 … 107

기독교적 글쓰기 … 131

설득력 있게 쓰기 … 136

다른 작가에 대한 루이스의 시선 … 140

| 출전 | … 215

| 부록 | 이 책에 나온 작가들 … 218

| 엮은이의 글 |

루이스가 초대하는
글쓰기의 세계

    C. S. 루이스는 평생 40권에 가까운 책을 출간했으며 대부분 여전히 쇄를 거듭하고 있다. 1억 부 넘게 팔린 《나니아 연대기》(*The Chronicles of Narnia*) 외에도 그는 공상과학소설, 문학 평론, 신학, 회고록, 시 등 다양한 장르에서 두각을 드러냈다. 그런 사람이 시간을 들여 글쓰기의 예술을 논한다면 그 말은 얼마든지 귀담아들을 만하다.

    말년에 점점 유명해지면서 그에게 편지가 쏟아져 들어왔다. 주제는 신앙 상담부터 스피노자, 철자법에 이르기까지 그야말로 광범위했다. 버거운 일이었지만 그는 가능한 한 많은 편지에 최선을 다해 답장했다. 어느 편지에서는 그날 하루 동안 무려 35통의 편지를 썼다고 밝혔고(CL 2, 509쪽), 또 어떤 날에는 밀린 답장을 쓰느라 꼬박 열네 시간이 걸렸다고 회고하기도 했다(CL 3, 1153쪽).

루이스는 원고를 보내오는 사람이 친한 친구든 전혀 모르는 낯선 사람이든 가리지 않고, 받은 습작 원고를 모두 공들여 읽었다. 그리고 작품 전체에 대한 총평은 물론, 특정 문장과 특정 단어 선택에 대한 감상도 밝혔다. 어떤 때는 간추린 작법 입문서를 건네기도 했다.

플로리다의 한 소녀에게는 "네가 묘사하는 대상에 대해 독자가 느꼈으면 하는 감정을 그냥 형용사로 말해 버리지 마라"라고 조언했다. 어떤 사건이 "즐겁다"고 말하는 대신 독자에게 실제로 즐거움을 안겨야 하고, "끔찍하다"고 단정하는 대신 독자가 직접 끔찍함을 느끼게끔 글을 써야 한다는 것이다. 감정을 지정해 주는 건 곧 독자에게 "부디 제 일을 당신이 대신해 주세요"라고 말하는 것이나 다름없다고 그는 지적했다(CL 3, 766쪽).

루이스는 자신과 편지를 주고받는 많은 이들에게 동일한 원칙을 권했고, 다른 여러 저서에도 꾸준히 밝혔다. 그는 글이란 모름지기 간단명료하고 구체적이며 전문 용어가 없어야 한다고 자주 강조했다. 또 작가란 단순히 독자가 어떻게 느껴야 할지를 지정해 주는 사람이 아니라, 감각적 인상을 포착해서 감정을 불러일으키는 사람이라고 거듭 말했다. 말로 할 게 아니라 보여 주어야 한다는 것이다.

루이스는 또 글이란 눈 못지않게 귀를 위해서도 쓰는 것이라고 믿었다. 그래서 문장을 소리 내어 읽으면서 소리가 글의 의미를 보강해 주는지 확인하라고 권했다. 그리스어와 라틴어 원문을 번역할 때도 문장을 직역하는 것으로는 부족하고 "언어의 소리와 맛"까지 살려 내야 한다고 보았다(CL 1, 422쪽).

산문에 대한 생각도 당연히 같았다. 예컨대 그는 친구 아서 그리브즈에게 쓴 편지에서 "문체"(style)를 이야기하면서 "주어진 생각을 가장 아름다운 단어와 단어의 리듬으로 표현하는 예술"이라고 정의했다. 그 예로 그는 "그때에 이른 아침에 나타나는 별자리들이 음악 활동에 동참하며 천사의 영들이 큰 소리로 만족감을 증언했다"는 문장을 제시한 뒤, 킹제임스(KJV) 성경에 나오는 실제 문장을 비교해서 보여 준다. "그때에 새벽별들이 기뻐 노래하며 하나님의 아들들이 다 기뻐 소리를 질렀느니라"(CL 1, 333쪽).

글쓰기에 대한 루이스의 조언을 공부할 만한 이유는 루이스 자신부터 아주 탁월하게 그대로 실천했기 때문이기도 하다. 1963년에 그가 세상을 떠난 뒤로 어느덧 반세기가 지났는데도 그의 명성은 여전히 식을 줄 모른다. *The Oxford Companion to Children's Literature*(옥스퍼드 아동 문학

편람)은 스테디셀러《나니아 연대기》가 "20세기 작가의 아동 판타지 작품 가운데 가장 생명력 있는 위업"이라고 찬사를 보냈다. 루이스가 쓴 대중 신학 서적 역시 계속해서 널리 읽히며 영향을 미치고 있다. 또 그의 학술서를 읽은 독자들은 다른 웬만한 현대 비평가의 글을 읽을 때 (루이스의 표현대로) "다이아몬드와 쇳조각의 차이"를 체감하게 된다(CL 1, 247쪽).

루이스는 명쾌하고 읽기 쉽게 글을 쓰는 현대의 대표 문장가 중 한 사람이다. 제프리 초서의 표현을 빌리자면, 루이스는 글쓰기의 예술을 "즐거이 가르칠" 사람이기에 현명한 독자라면 마땅히 이를 "즐거이 배울" 것이다.

| 데이비드 C. 다우닝 |
일리노이 휘튼칼리지(Wheaton College)
매리언 E. 웨이드 센터(Marion E. Wade Center) 공동대표

─────────── 일러두기 ───────────

1. 총 세 권인 *The Collected Letters of C. S. Lewis*(C. S. 루이스의 서한집)에서 발췌할 때는 원전을 각각 "*CL 1*(서한집 1)", "*CL 2*(서한집 2)", "*CL 3*(서한집 3)"으로 약칭했다.

2. 독자의 이해를 돕기 위해 본문에 등장하는 작가들의 정보를 부록에 간략하게 실었다.

Part 1.

글자와 행간에
숨결을 불어넣다

C. S. Lewis.

글을 잘 쓰고 싶다면

On Good Writing

글 쓰는 한 아이에게 건네는 조언

너의 "놀라운 밤"을 아주 잘 묘사했더구나. '그것' 자체는 없으나, 장소며 사람들, 그 밤의 모든 느낌을 생생하게 그려 냈다는 말이다. 보석을 끼우는 틀은 있는데 보석은 없는 셈이지. 놀랄 것 없어! 윌리엄 워즈워스도 그럴 때가 많으니. 그의 시 〈서곡〉(The Prelude)에는 '그것' 자체만 빼고 모든 것을 묘사하는 순간이 가득하거든(10년쯤 후에 너도 읽게 될 텐데 그때 김이 빠질 테니 지금 미리 읽을 건 없다).

아마 네가 작가가 된다면 평생 '그것'을 묘사하려 애쓸 테고, 네가 쓸 수십 권의 책 가운데 한두 문장이 잠깐이나마 '그것'을 전달하는 근처에라도 간다면 운이 좋은 거란다. ……

1. 문장을 쓸 때는 항상 네 말뜻을 명확히 표현해서 그 문장에 그 밖의 다른 의미는 있을 수 없게 해라.

2. 길고 모호한 단어보다 항상 간결하고 직설적인 단어를 고르는 게 좋아. 약속을 '이행한다'(implement)라고 하지 말고 '지킨다'(keep)라고 쓰렴.

3. 구체적인 명사로 표현할 수 있을 때는 절대 추상 명사

를 사용하지 마라. "더 많은 사람이 죽었다"라는 뜻이라면 "사망률이 증가했다"라고 말하지 마라.

4. 글을 쓸 때 네가 묘사하는 대상에 대해 독자가 느꼈으면 하는 감정을 그냥 형용사로 말해 버리지 마라. 무언가가 "끔찍하다"라고 단정할 게 아니라 우리가 직접 끔찍함을 느끼게끔 그걸 묘사하렴. "즐겁다"라고 말해 버릴 게 아니라 네가 쓴 묘사를 읽고 우리 입에서 "즐겁다"는 말이 터져 나오게 하라는 거지. 그러니까 무섭다든지 신기하다든지 흉하다든지 고상하다든지 하는 말은 다 독자에게 "부디 제 일을 당신이 대신해 주세요"라고 말하는 것이나 다름없다.

5. 주제에 비해 너무 거창한 단어를 쓰지 마라. 예를 들면 "매우"라는 뜻을 말하고 싶을 때 "무한히"라고 써서는 안 돼. 그러지 않으면 정말 무한한 무언가에 대해 말하고 싶을 때는 정작 남아 있는 단어가 없거든.

조운 랭커스터에게 보낸 편지,
1956년 6월 26일, *CL 3*(서한집 3)

작가를 꿈꾸는 또 다른 아이에게

글쓰기 전반에 대해 조언하기란 여간 어렵지 않다만 한번 해 보마.

1. 라디오를 꺼라.

2. 좋은 책을 최대한 많이 읽고 잡지는 되도록 멀리하렴.

3. 눈으로 쓰지 말고 늘 귀로 써라. 읽을 때도 마찬가지다. 네가 쓰는 모든 문장을 마치 낭독하거나 발표하듯이 귀로 들어야 해. 듣기에 좋지 않거든 고쳐 쓰렴.

4. 실존하는 세계든 허구든 상관없으니 네 진짜 관심사에 대해서만 쓰고 그 밖의 것은 쓰지 마라. (네 관심이 오로지 글쓰기 자체에만 있다면 결코 작가가 되지 못한다는 뜻이야. 글감이 없을 테니까.)

5. 명확히 표현하는 데 심혈을 기울여라. 너야 처음부터 네 말뜻을 알지만 독자는 모른다는 사실을 잊어선 안 돼. 단어 하나만 잘못 골라도 독자가 완전히 오해할 수 있거든. 이야기를 쓰다 보면 독자가 꼭 알아야 할 내용을 네가 말해 주지 않고도 그 사실을 망각하기가

너무 쉽다. 네 머릿속에 전체 그림이 아주 명확하게 들어 있다 보니 엄연히 독자의 머릿속은 그와 다른데도 그 사실을 깜빡 잊는 거지.

6. 원고를 일부 버릴 때도 (원고가 구제 불능 수준으로 엉망이 아니라면) 완전히 버리지는 말고 일단 서랍에 넣어 두렴. 나중에 요긴해질 수 있거든. 내가 생각하는 내 최고의 작품도 대부분 몇 년 전에 쓰기 시작했다가 버린 원고를 고쳐 쓴 거란다.

7. 타자기를 쓰지 마라. 타자를 치는 소리가 네 글의 리듬감을 해친단다. 리듬감이 네 몸에 배려면 아직 여러 해의 훈련이 필요하다.

8. 무슨 단어를 쓰든 꼭 뜻을 알고 써라.

토머신에게 보낸 편지,
1959년 12월 14일, *CL 3*(서한집 3)

좋은 이야기는 '요점'이 필요 없다

"아무런 요점(point)도 없는 허무맹랑한 모험 이야기"라는 당신의 말이 무슨 뜻인지 모르겠습니다. 허무맹랑한 이야기라면 요점이 있어도 어차피 망작일 테지요. 하지만 만일 이야기 자체는 훌륭한데, 당신이 말하는 "요점"이라는 게 이야기에서 건질 만한 현실 세계의 어떤 진실을 의미하는 거라면, 나는 당신의 의견에 동의할 수 없습니다.

그런 의미에서의 "요점"을 찾으려 할수록 오히려 이야기 자체의 묘미를 놓칠 수 있어요. (합창곡의 후렴구처럼) 그냥 따라 부르면 될 대목의 가사를 너무 열중해서 듣는 것처럼 말입니다. 나도 잘은 모르겠고 그냥 생각나는 대로 써 봤습니다.

필리다에게 보낸 편지,
1953년 12월 18일, *CL 3*(서한집 3)

진실성과 글쓰기 재능

존 번연이 글을 잘 쓴 이유를 그가 진실하고 솔직한 사람으로서 문학적 허세를 부리지 않고 생각대로만 표현했기 때문이라고 말해서는 안 된다. 틀림없이 번연 자신은 그렇게 설명했겠지만, 그건 말이 안 된다.

그 설명이 맞다면, 누구나 진실하고 솔직하고 허세만 없으면 똑같이 글을 잘 쓸 수 있을 것이다. 하지만 내 또래의 대다수가 제1차 세계 대전 때 부관으로서 부대원들이 쓴 편지를 검열하면서 보았듯이, 아무리 진실하고 솔직하게 말하는 사람이라도 글재주가 없는 사람은 손에 펜만 들었다 하면 진부한 상투어가 쏟아져 나온다.

놀라운 사실이 있다. 진실성이 없다는 건 좋은 글쓰기에 치명적일 수 있지만, 진실성 자체는 그 누구에게도 좋은 작법을 가르친 적이 없다. 진실성은 문학적 재능이기보다 도덕적 덕목이다. 진실성에 대한 보상을 바랄 곳은 내 세지 파르나소스(Parnassus)*가 아니다.

Selected Literary Essays(문학 평론선),
"존 번연의 비전"

---

* 신화 속 뮤즈들이 살았다는 그리스의 산 이름. 오늘날에는 문학과 예술의 상징이자 은유로 간주되며, "문단"(文壇)이라는 뜻으로도 쓰인다.

단어를 죽이는 길

 단어를 죽이는 방식은 다양하다. 가장 흔한 방식은 부풀리기다. 우리에게 "very"(아주) 대신에 "awfully"(지독하게)를, "great"(큰) 대신에 "tremendous"(엄청난)를, "cruelty"(잔인성) 대신에 "sadism"(가학증)을, "undesirable"(바람직하지 않은) 대신에 "unthinkable"(상상조차 할 수 없는, 있을 수 없는)을 쓰도록 가르친 사람들은 하나같이 단어를 죽인 셈이다.

 또 하나는 쓸데없는 말을 장황하게 늘어놓는 것이다. 지키지도 못할 약속을 단어로 남발한다. 왜 중요한지 말해 줄 생각도 없으면서 무조건 "중요하다"라는 단어를 쓸 때가 그런 예다. "diametrically"(직경 방향으로, 전혀 다른, 정반대로, 바로)라는 단어를 단순히 "opposite"(반대)의 최상급을 의미하는 표현으로만 쓸 때도 마찬가지다.

 흔히들 단어를 죽이는 이유는 특정 단어를 소속 단체의 기치로 가로채서 그 "상품 가치"를 오직 자신들만이 사용하고 싶어서다. 그래서 "휘그당"과 "토리당"을 각각 "진보"와 "보수"라는 말로 교체했을 때 우리는 단어를 죽였다. 그러나 단어를 죽이는 가장 큰 원인은 대다수 사람이 그 단어로 단순히 대상을 묘사하기보다 찬반을 표현하려는 욕심이 단연 앞서기 때문이다. 그리하여 단어는 점점 묘사에서 멀어져 평가에 가까워진다. 한동안은 그 평가에 왜 좋거나 나쁜지가 아직 살짝 암시되어 있지만, 결국은 순전히 평가만 남는다. "좋다"나 "나쁘다"의 무익한 동의어가 되고 마는 것이다. ……

이미 잃어버린 것을 결벽증적으로 의고체(擬古體)를 고집해서 되찾을 수 있다는 말은 아니다. 그러나 우리 자신이라도 결코 단어를 죽이지 않기로 다짐한다면 마냥 무익하지만은 않을 것이다. 현대 비평계의 어법 때문에 위와 같은 과정에 시동이 걸리면, 결국 "미성년"(adolescent)과 "최신"(contemporary)도 각각 "나쁘다"와 "좋다"의 한낱 동의어로 전락할 수 있다. 그보다 더 이상한 일도 실제로 있어 왔다. 그런 기미가 보이거든 우리는 이를 어휘에서 몰아내야 한다.

일부 공원에 붙어 있는 2행시로 된 경고문〔원래 둘째 줄은 "당신이 오기 전에는 이곳이 아름다웠다"이다-옮긴이〕을 이렇게 고쳐 보고 싶다.

부끄럽게 이런 말들을 일을 하지 말라.
당신이 오기 전에 이곳에 '의미'가 있었다.

Studies in Words(단어 연구), "서문"

문체의 위력

지난 편지에서 네가 산문체가 "단어들의 문자적 의미" 이상이냐고 물었지. 오히려 그보다 덜해. 산문체는 단어들 그 자체니까. 어떤 생각이든 그것을 표현하는 방법은 매우 다양하며, 문체란 주어진 생각을 가장 아름다운 단어와 단어의 리듬으로 표현하는 예술이거든.

예를 들어 어떤 사람이 "그때에 이른 아침에 나타나는 별자리들이 음악 활동에 동참하며 천사의 영들이 큰 소리로 만족감을 증언했다"라고 말할 수 있겠지. 그런데 킹제임스(KJV) 성경에는 이와 똑같은 생각을 이렇게 표현해 놓았어. "그때에 새벽별들이 기뻐 노래하며 하나님의 아들들이 다 기뻐 소리를 질렀느니라."

말도 안 되는 표현을 이렇듯 형언할 수 없이 아름다워지게 하는 것이 바로 문체의 위력이야.

아서 그리브즈에게 보낸 편지,
1917년 8월 4일, *CL 1*(서한집 1)

모방과 독창성

예술의 특권 가운데 하나는 모든 것을 공유한다는 데 있어. 어차피 모방이란 잊혀진다면 중요하지 않은 것일 테고, 살아남는다면 [작품으로서] 정당화될 뿐 아니라 차용한 사람의 독창성도 훼손하지 않아. 저작권 개념은 야만인(philistines)*이 돈놀이꾼(gorribeen-men)**의 골짜기에서 헬리콘(Helicon)***으로 가져온 것이라 무게도, 의미도 없지.

모든 시는 결국 하나야. 나는 위대한 시구들을 신작에서 다시 만나는 게 참 좋아. 호메로스와 베르길리우스는 본인 작품을 위해서만 시를 쓴 게 아니라 후대의 누구라도 차용하라고 쓴 거야. 소위 독창성에 매달리는 건 현대인의 재앙이지. 마치 자신의 멜빵을 잡아당겨 공중 부양을 하려는 이들 같지 않아? 눈을 질끈 감아 거장들의 작품을 보지 않으면 스스로 새것을 창작하기라도 할 것처럼 말이야.

아서 그리브즈에게 보낸 편지,
1920년 8월 7일, *CL 1*(서한집 1)

---

* 예술이나 문화에 무관심한 사람

** 고리대금업자   *** 그리스 신화에서 뮤즈들이 살던 곳

독창성을 갖고 싶다면

독창성을 떠받들어서는 아무도 독창적 존재가 되지 못한다. 그러나 있는 그대로 진실을 말하고, 작은 일에도 그 자체를 위해 최선을 다해 보라. 그러면 소위 독창성이 저절로 찾아온다.

《영광의 무게》(*The Weight of Glory*), "멤버십"

문체를 개발하는 법

자신만의 문체를 개발하려면 (1) 본인이 하려는 말을 정확히 알아야 하고, (2) 만전을 기하여 정확히 그것만 말해야 합니다. 우리가 하려는 말을 독자가 처음에는 모른다는 사실을 잊어서는 안 됩니다. 가끔 저는 글쓰기란 양 떼를 몰고 길을 가는 것과도 같다는 생각이 들어요. 왼쪽에든 오른쪽에든 문이 열려 있으면 독자는 당연히 그 문으로 들어가지요.

《피고석의 하나님》(*God in the Dock*), "질의응답"

독자를 위한 맞춤형 문체

"조숙"(precocity)에 관해서라면, 내 문제가 바뀐 게 아닙니다. 내가 글을 쓰는 방식은 항상 두 가지입니다. 대중 신학 서적을 쓸 때는 독자에게 맞추지만, 학술서나 상상을 기반한 글을 쓸 때는 결코 쉽게 쓸 마음이 없습니다. 모험담과 판타지 소설을 내가 방송에서 말하는 문체로 쓸 수도 없거니와 그래서는 안 된다고 봅니다. "dindle"(전율)이란 단어도 철회할 생각은 없습니다. 당신도 말뜻을 즉각 알아듣지 않았습니까. 내가 당신의 어휘 세계에 멋진 단어를 더해 드린 셈인데 왜 반대하십니까?

E. L. 백스터 여사에게 보낸 편지,
1947년 8월 19일, *CL 2*(서한집 2)

연습, 연습, 또 연습

연습, 연습, 또 연습이 필요해. 꾸준히 최대한 잘 쓰기만 한다면 우리 나이에 무엇을 쓰는지는 (적어도 내 생각에는) 중요하지 않아. 나는 시든 산문이든 정말 공들여 한 페이지를 쓸 때마다 훌쩍 진보한 기분이 들어. 설령 그 원고를 잠시 뒤에 불 속에 던져 버린다 해도 말이야.

아서 그리브즈에게 보낸 편지,
1916년 6월 14일, *CL 1*(서한집 1)

결과물을 보아 줄 사람이 없다면 아주 좋은 작품을 쓰기란 불가능해.

아서 그리브즈에게 보낸 편지,
1916년 6월 20일, *CL 1*(서한집 1)

독자 스스로 맛보게 할 것

시는 대체로 감정을 전달하되, 감정을 직접 말하지 않고 그 감정의 근거를 상상해서 지어낸다. 그래서 시는 감정 이상의 것을 전달하고, 감정은 그 "이상의 것"을 통해서만 전달된다. ……

시는 물론이고 모든 상상적 글쓰기도 마찬가지다. 원고를 들고 찾아오는 초심자에게 우리가 먼저 해 주어야 할 말은 이것이다.

감정에 불과한 수식어일랑 모두 버리세요. 무언가가 '신비롭다'거나 '역겹다'거나 '장엄하다'거나 '향락적이다'라고 우리에게 애써 말해 봐야 소용없습니다. 당신이 그렇게 말했다는 이유만으로 독자가 믿을 것 같습니까?

글을 쓰는 방식이 아예 달라져야 합니다. 직접적 묘사, 은유와 직유, 은근히 유도하는 생생한 연상, (적절한 정도와 순서로) 신경을 건드리는 적절한 자극, 문장의 리듬과 모음 운율과 길고 짧음 등을 두루 활용해서 당신이 아니라 독자인 우리 입에서 '정말 신비로운데!', '아, 역겨워!' 따위의 감탄이 나오게 해야 합니다.

부디 내가 직접 맛보게 해 주세요. 맛에 어떻게 반응할지를 당신이 말해 줄 필요는 없습니다.

Studies in Words(단어 연구),
"언어의 변방에서"

주제가 추상적일수록 문장은 덜 추상적이게

 너무 현학적인 말로 들리지 않았으면 좋겠네만, 이것은 중요한 문제일세. 문장을 쓸 때는 모호한 구석 없이 명확하고 선명해야 하건만, 글을 쓰려고 준비하는 과정에서 그렇게 쓸 의욕은 물론이고 실력까지 금세 바닥나는 사람이 너무 많거든.

 어미변화를 일으키는 타동사, 구상 명사, ('그러나, 그럼에도, 그래서, 왜냐하면' 같은) 언어의 근육들을 꼭 붙들어야 하네. 주제가 추상적일수록 우리의 언어는 모든 불필요한 추상을 더욱 삼가야 해. 응접실에 관해서라면 뜬구름 잡듯이 비밀스럽게 써도 되지만, 미스터리에 관해서는 최대한 윌리엄 코빗이나 데이비드 흄처럼 쓰게!

프랜시스 워너에게 보낸 편지,
1959년 7월 15일, *CL 3*(서한집 3)

문학 비평을 할 때 주의할 점

요즘 시대 학부생들이 하는 비평에서 내 눈에 띄는 결점은 다음과 같다.

1. 부정적 비평일 때 그들의 어조에 악감정이 배어 있다. 독자에게 알리기보다 저자에게 상처를 입히려는 마음이 앞선다. 원래 부정적 비평은 작품의 단점을 진단하고 설명하는 것이지 작품을 모욕해서는 안 된다.

2. 세상에 나와 이미 여러 세대를 거친 작품인데도 그들은 작품에 대한 과격한 재해석을 너무 성급히 주창하거나 수용한다. 분명히 그런 재해석에 대한 평가가 여태 없었을 리 없건만 그 부분은 무시된다.

3. 대부분의 유럽 문학은 성경과 고전을 아는 성인 독자를 위해 저술되었다. 현대 학생에게 그런 배경이 결핍된 것까지는 잘못이 아니지만, 그들은 자신의 그런 결핍을 잘 모른다. 그러니 각별히 신중해야 한다는 사실도 알 턱이 없다. 여태 누구나 다 "직설"로 이해한 본문에서 무턱대고 "아이러니"를 찾아낼 것이 아니라 먼저 재차 숙고해야 한다.

4. 문학에 진지하게 접근하는 것까지는 좋은데 방향이 잘못됐다. 기분 전환 용도로 쓴 작품을 그들은 종교나 철학 또는 심리 치료의 대용품으로 삼는다. 희극의 속성은 진지하게 생각할 주제지만, 먼저 농담을 인지하고 농담으로서 받아들여야 한다. 물론 이런 비평의 악습이 학부생에게만 있는 문제는 아니다. 그들은 그저 윗대를 모방하는 것이며, 윗대일수록 변명의 여지가 훨씬 적다.

Cambridge Broadsheet(케임브리지 신문)에 보낸 편지,
1960년 3월 9일, *CL 3*(서한집 3)

표절의 어리석음

남의 것을 자신이 쓴 글처럼 제출한 제자를 나는 지금까지 한 명밖에 보지 못했네. 그 학생에게 말했지. 나는 형사가 아니고 하다못해 훈장도 보모도 아니니, 이런 유치한 수법을 감시할 생각일랑 털끝만큼도 없다고 말일세. 깨끗이 수습하라고 했더니 그가 다음 주에 자진해서 학교를 떠나는 바람에 다시는 그를 보지 못했네. 내 생각에 자네는 이와 관련된 기준을 대략 공지해야 할 걸세. ……

인간이 어떻게 스스로 논문을 쓰려는 자유인의 수고보다 갤리선〔고대, 중세에 지중해에서 쓰던 배의 하나. 양쪽 뱃전에 아래위 두 줄로 노가 많이 달렸다-편집자〕의 노예처럼 베껴 쓰는 노역을 선호할 수 있는지 나로서는 참 어이가 없다네.

앨러스터 파울러에게 보낸 편지,
1959년 12월 10일, *CL 3*(서한집 3)

생각을
글로 담아내는 과정의
수고와 기쁨

On the Writing Process

잉크는 묘약이다

삶에 진력이 날 때마다 글을 써 봐. 오래전에 내가 깨달았듯, 잉크는 인간의 만병을 통치하는 묘약이거든.

아서 그리브즈에게 보낸 편지,
1916년 5월 30일, *CL 1*(서한집 1)

잉크는 독약이다

잉크는 독약이라네. 자꾸 쓰고 싶어지거든. 나는 이 중독을 떨칠 수가 없다네.

마틴 스키너에게 보낸 편지,
1950년 10월 11일, *CL 3*(서한집 3)

원하는 대로 마음껏 쓸 수 있는 자유

꼭 우리 집에서만 누릴 수 있는 위안이 하나 있으니, 바로 마음 내킬 때마다 글을 쓸 수 있다는 거야. 누가 일부러 막는 것도 아닌데, 남의 집에서는 원고를 꺼내 놓고 선뜻 작업에 돌입할 수 없거든. 너도 곧 알게 될 거야. 생각이 밀려올 때면 생각을 단어로, 단어를 문장으로, 문장을 운율로 다듬고 싶은 마음이 하도 간절해서 당장 그러지 못한다면 상당히 고통스러워.

아서 그리브즈에게 보낸 편지,
1914년 11월 4일, *CL 1*(서한집 1)

타고난 작가

나무가 잎을 내는 존재로 태어나듯 틀림없이 글을 쓰는 존재로 태어난 사람도 있어. 이들에게 글쓰기란 성장하는 데 꼭 필요한 방식이지. 쓰고 싶은 충동이 성공 가능성을 뛰어넘는다면 확실히 타고난 작가야. 그렇지 않다면 그 충동은 기껏해야 무난한 허영심에 불과하고, 성공 가능성이 무산되는 순간 반드시 함께 사라질 거야.

아서 그리브즈에게 보낸 편지,
1930년 8월 28일, *CL 1*(서한집 1)

글쓰기는 가려운 데를 긁는 것과 같다

 책 출간에 따르는 (돈을 제외한) 보상에 대해 말하자면, 맨 처음 받는 우호적 서평들은 어쩌면 위험할 정도로 매우 달콤합니다. 또 명성에도 확실히 좋은 점이 하나 있으니, 곧 낯선 이들이 유독 친절하게 다가온다는 것입니다. 심지어 그들에게 기도까지 받을 수도 있습니다(당신은 확실히 내 기도를 받고 있으며 나도 당신의 기도를 받고 싶습니다). 나머지는 다 없으면 괴롭지만 있어도 사실 아주 좋지는 않은, 그런 것들이라 할 수 있습니다. (등 한가운데를 긁지 못하면 괴롭지만 긁는 게 최고 수준의 즐거움은 아니지요.)

베라 게버트에게 보낸 편지,
1953년 7월 16일, *CL 3*(서한집 3)

학술적 글쓰기 VS 상상적 글쓰기

피아노를 치면서 동시에 목욕할 수 없듯이 학술적 글쓰기와 상상적 글쓰기도 동시에 할 수야 없지. 동시에 쓰는 것만 아니라면 얼마든지 둘 다 쓸 수 있다네.

앨러스터 파울러에게 보낸 편지,
1955년 5월 19일, *CL 3*(서한집 3)

작가의 내면에 공존하는 '작가'와 '인간'

시인(당시에는 모든 문학 작가를 뜻했다)은 "즐거움과 교훈을 주어야" 한다고 누구나 말하던 16세기에, 이탈리아 시인 토르콰토 타소는 양쪽을 유익하게 구분했다. 그는 시인의 신분으로서는 오로지 즐거움을 주는 데만 관심을 가져야 한다고 했다. 그러나 모든 시인은 인간이자 시민이기도 하므로 이 신분으로서는 자신의 작품으로 즐거움 못지않게 교훈도 주어야 하며, 시인 자신도 의당 그러고 싶으리라는 것이다.

나는 르네상스 개념의 "즐거움을 주다"와 "교훈을 주다"에 동조할 마음까지는 없다. 이런 용어를 수용하려면 말뜻을 아예 뜯어고쳐야 해서 결국 남는 것은 간직할 가치가 없을 정도다. 다만 나는 '작가로서의 작가'와 '인간이나 시민이나 그리스도인으로서의 작가'를 구분한 점만 차용하려는 것이다. 그러면 결국 상상을 바탕으로 하는 문학 작품을 쓰는 이유는 대개 두 가지다. 작가로서의 이유와 인간으로서의 이유라 할 수 있다. 둘 중 하나만 있으면 내가 생각하기에는 책이 나올 일이 없다. 전자가 없으면 책을 쓸 수 없고 후자가 없으면 책을 써서는 안 된다.

작가의 머릿속에는 때로 이야깃거리가 거품처럼 보글거린다. 내 경우는 항상 심상으로 시작된다. 이 씨앗이 싹을 틔우려면 시, 산문, 단편소설, 소설, 희곡 등 형식에 대한 갈망이 수반되어야 한다. 내용과 형식이 맞물리면 작가의 충동이 완성된다. 이제 그것이 밖으로 나오려고 작가 안에서 꿈틀거린다. 마치 새로 만든 잼을 깨끗한 잼 통에 부으려는 요리사처럼, 작가도 이 보글거리는 내용을 꼭 이 형식 속에 붓고 싶다. 그 갈망이 온종일 작가를 귀찮게 조르며 일과 잠과 식사까지 방해한다. 꼭 사랑에 빠진 것과 같다.

작가가 그 상태로 있는 동안, 당연히 인간으로서의 그는 집필 계획을 사뭇 다른 관점에서 비판할 수밖에 없다. 이 충동을 채우면서 어떻게 다른 모든 본분에 충실할지를 따져 본다. 어쩌면 (작가가 아닌 인간의 입장에서 볼 때) 계획 자체가 너무 경솔하고 사소해서 시간과 수고를 들이기가 아까울 수도 있다. 끝내 교훈을 주지 못할 책이 될지도 모른다. 혹은 반대로 문학적 의미는 물론이고 모든 면에서 "좋아" 보일지도 모른다(이번에는 작가가 환호한다).

복잡해 보일 수 있지만 사실은 사람 일이라는 게 다 그렇다. 어느 여자에게 마음이 끌린다 하자. 그녀와 결혼하는 게 과연 현명하거나 바람직한 선택일까? 점심 식사로 바닷가재를 먹고 싶다고 하자. 내 형편에 맞을까? 식사 한

끼에 이런 거금을 쓴다면 무리가 아닐까? 작가의 충동은 (가려움증과 아주 비슷한) 갈망이며, 당연히 전인적 인간은 다른 모든 갈망처럼 이 갈망도 함께 따져 봐야 한다.

이제 이것을 내가 쓴 동화에 대입해 보자. 어떤 이들의 생각대로라면 나는 우선 어린이에게 어떻게 기독교를 말해 줄지 고민하다가 동화라는 형식을 선택했고, 그다음 아동심리학 정보를 수집하면서 그중 어느 연령대에 맞추어 쓸지를 정했으며, 그러고 나서 기독교의 기본 진리를 목록으로 작성한 뒤 그것을 담아낼 "우화"를 구상한 것이 된다.

이는 순전히 말도 안 되는 소리다. 전혀 그런 식으로 쓴 게 아니다. 모든 건 심상에서 시작되었다. 우산을 든 파우누스(반인반염소), 썰매를 타고 다니는 여왕, 웅대한 사자가 머릿속에 떠올랐다(모두 《나니아 연대기》의 등장인물—옮긴이). 기독교적 요소도 원래는 전혀 없었는데 차차 저절로 끼어들었다. 보글거리는 거품의 일부였다.

형식은 그다음에 찾아왔다. 이런 심상이 자연스럽게 사건과 이야기로 발전해 나가는 과정에서, 연애나 세밀한 심리 묘사는 필요 없어 보였다. 그런 요소가 배제되는 형식이 바로 동화다. 그 생각이 든 순간 나는 형식 자체와 사랑에 빠졌다. 동화는 문체가 간결하고, 묘사가 극히 제한되고, 전통을 따르되 융통성 있으며, 모든 분석과 지엽과 사변(思辨)과 "빈말"을 단호히 거부한다. 바로 거기에 매료

되었다. 어휘의 제약조차도 매력으로 변했다. 단단한 돌이 조각가를 설레게 하고 까다로운 정형시가 시인을 즐겁게 하듯이 말이다. 그래서 (작가로서) 동화를 썼다. 동화가 내가 말하려는 내용에 딱 맞는 형식으로 보였기 때문이다.

물론 내 안의 인간도 차차 한몫 거들었다. 어린 시절 내 종교심을 다분히 말살한 어떤 억압이 있었는데, 나는 이런 이야기로 그 억압을 비켜 갈 수 있다고 보았다. 그리스도의 고난이나 하나님에 대해 어른들이 시키는 대로 느끼기가 왜 그렇게 어려웠을까? 내 생각에 주된 이유는 감정을 강요받았기 때문이다. 감정을 의무화하면 감정이 얼어붙을 수 있다. 경건함조차도 오히려 해롭게 작용했다. 어른들이 이런 주제로 말할 때면 마치 그게 몹쓸 병이라도 되는 양 매번 목소리를 낮추었다. 이 모든 것을 공상 세계 속에 던져 버린다고 생각해 보라. 연상되는 스테인드글라스와 주일학교를 걷어 내면, 해당 주제의 진정한 힘이 처음으로 드러나지 않을까? 그리하여 그런 감시와 억압을 비켜 갈 수 있지 않을까? 나는 그럴 수 있다고 보았다.

그것이 인간으로서의 내 동기였다. 하지만 먼저 작가로서의 마음이 달아오르지 않았다면 당연히 인간으로서의 나는 아무것도 할 수 없었다.

부연하자면 지금까지 내가 말한 동화는 "어린이가 읽는 이야기"가 아니다. J. R. R. 톨킨 교수가 《반지의 제왕》

(The Lord of the Rings)에서 보여 주었듯이, 동화와 어린이 사이의 연관성은 출판계와 교육계에서 생각하는 것만큼 그렇게 밀접하지 않다. 동화를 좋아하지 않는 아이도 많고 동화를 좋아하는 어른도 많다. 사실 톨킨의 말마따나 이제 동화가 어린이와 연계되는 이유는 어른에게는 동화의 유행이 지났기 때문이다. 실제로 동화는 집 안의 오래된 가구가 그러하듯 아이들 방으로 밀려났는데, 이는 아이가 동화를 좋아하기 시작해서가 아니라 어른이 동화를 좋아하다 말았기 때문이다.

그래서 내가 "어린이를 위해" 썼다는 말은 어린이가 좋아하지 않거나 이해하지 못할 것 같은 요소를 뺐다는 의미에서만 그렇지, 일부러 어른 수준에 못 미치게 썼다는 의미는 아니다. 물론 내 착각일 수도 있지만, 이 원칙대로 하면 적어도 가르치려 드는 자세만은 삼갈 수 있다.

나는 독자의 대상을 딱히 정해 놓고 쓰지 않았다. 어린이만 읽을 만한 책이라면 어려서도 아예 읽을 가치가 없다는 게 내 지론이며, 내 작품도 이 지론을 기준으로 유죄나 무죄일 수 있다. 나는 아이의 머릿속에 주입된 이런저런 억압이 내 이야기를 통해 극복되기를 바랐다. 하지만 동일한 억압이 어른의 머릿속에도 존재할 수 있으며, 어쩌면 동일한 방법으로써 극복될 수도 있다.

동화는 공상 세계를 담아내는 형식이며, 나이와 관계

없이 사람에 따라 동화를 읽을 수도 있고 읽지 않을 수도 있다. 작가가 동화의 특성을 잘 살려 내고 또 독자를 제대로 만난다면, 어느 나이에 읽든 동화의 위력은 동일하다. 즉 동화는 일반화하면서도 구체성을 잃지 않고, 추상 개념이나 개별 사건보다 폭넓은 경험을 생생히 제시하며, 관계없는 부분은 모두 쳐 낸다. 최고의 동화는 그 이상도 할 수 있다. 우리에게 무언가를 생전 처음 경험하게 해 줄 수 있다. "삶에 관해 논평하는" 게 아니라 삶을 넓혀 주는 것이다. 물론 이 말은 동화 자체가 그렇다는 것이지 내가 시도한 작품에 대한 말은 아니다.

제대로 된 "아동 도서"라면 그렇다! 이미 잠을 잘 자거나 꿀을 좋아하는 아이에게 내가 잠이나 꿀에 대해 잘난 척할 필요는 없지 않은가?

Of Other Worlds(다른 세계들에 관하여),
"말하려는 것이 동화로 가장 잘 표현될 때가 있다"

글쓰기는 욕망과 같다

 작법 자체에 대해서라면 저는 글을 쓰는 방법을 어떻게 조언해야 할지 모르겠습니다. 이는 재능과 흥미의 문제입니다. 작가가 될 사람이라면 마음이 그쪽으로 강하게 끌릴 수밖에 없다고 봅니다. 글쓰기는 "욕망" 혹은 "가려울 때 긁는 것"과 같습니다. 글쓰기는 아주 강한 내면의 충동의 결과며, 충동이 일어나면 저로서는 그것을 표출해야만 합니다.

Decision(결단) II,
1963년, "하늘과 땅과 우주"

글쓰기는 둥지를 짓는 일과 같다

　벌과 새는 벌집과 둥지를 지으면서도 아마 그게 어떻게 쓰일지는 정작 모를 거야. 일단 지어 놓으면 다른 벌과 새가 알아서 할 일이니까. 너나 내가 쓰는 글이 어떤 결과를 낳을지도 …… 아무도 모르지. 하지만 내 생각에 이것만은 확실해. 무언가에 깊이 마음이 끌려 부단히 정진하면 언젠가는 성과가 나타난다는 거야. 현세에든 내세에든 그 수고에 비례하는 열매를 자신이 아니라면 다른 누군가라도 거둘 거야.

아서 그리브즈에게 보낸 편지,
1930년 8월 28일, *CL 1*(서한집 1)

글을 쓰는 동기

인정 욕구를 "극복했다"는 전제하에, 글을 쓰는 진정한 동기에 대해서라면 우선 내가 거듭 깨닫는 게 있어. 스스로 공식 작가라고 생각했을 때는 아이디어가 좀처럼 떠오르지 않았는데, 그런 생각을 다 버리고 정말 다시는 쓰지 않기로 결심하면 (또는 쓰더라도 오롯이 나한테 충실하려는 것임을 똑똑히 의식하고 쓰면) 바로 그때부터 아이디어가 몽글몽글 솟아난다는 거야. 그러면 조만간 글을 쓸 수밖에 없어. 왜 쓰는가의 문제는 아예 생각도 나지 않지.

아서 그리브즈에게 보낸 편지,
1930년 8월 28일, *CL 1*(서한집 1)

글쓰기를 통한 간접 경험

　사랑에 빠져 본 적이 있냐고 물었지? 바보라야 사랑에 빠지는데, 내가 아무리 바보라도 그 정도는 아니지. 하지만 어떤 주제든 직접 경험한 것만 말할 수 있다면, 모든 대화가 아주 빈곤해질 거야. 비록 소위 사랑을 직접 해 보지는 못했어도 내게는 그보다 더 좋은 게 있어. 바로 …… 에우리피데스, 카툴루스, 윌리엄 셰익스피어, 에드먼드 스펜서, 제인 오스틴, 브론테 등 지금껏 내가 읽은 모든 사람의 경험이지. 우리는 그들의 눈을 통해서 보는 거야. 큰 것이 작은 것을 품듯이, 거장의 감성 속에 범인(凡人)의 희로애락도 다 담겨 있게 마련이야. 그래서 우리는 얼마든지 그것에 대해 말할 권리가 있어.

아서 그리브즈에게 보낸 편지,
1915년 10월 12일, *CL 1*(서한집 1)

작가는 진정한 "창조자"가 아니다

인간의 저작을 "창조"라 칭함은 내가 보기에 완전히 어불성설입니다. 우리는 하나님이 만들어 놓으신 재료를 재배열할 뿐이지요. 정말 새로운 창조란 우리에게 털끝만큼도 없습니다. 새로운 원색, 제3의 성(性), 4차원, 하다못해 기존의 여러 동물을 짜깁기하지 않은 괴물을 한번 상상해 보십시오. 부질없는 짓이에요.

그래서 우리의 작품이 타인에게 주는 의미는 (당신의 말마따나) 우리의 의도와는 사뭇 다를 수밖에 없습니다. 우리가 재조합하는 재료가 하나님의 작품이라서 그 안에 이미 그분의 의미를 담고 있기 때문입니다. 재료에 담긴 하나님의 의미 때문에 우리는 자신이 만든 작품의 의미조차도 결코 다 알 수 없으며, 어쩌면 우리가 의도하지 않은 의미가 최고의 참뜻일지도 모릅니다.

책을 쓰는 일은 창조라기보다 나무를 심거나 아이를 낳는 일에 훨씬 가깝습니다. 세 경우 모두 우리는 순리대로 돌아가는 인과의 흐름 속에 하나의 원인으로 끼어들 뿐이지요. 그러기를 다행입니다. 엄격한 의미의 창조가 정말 가능하다면, 어느새 우리는 일종의 지옥을 창조하지 않겠습니까?

페넬러피 수녀에게 보낸 편지,
1943년 2월 20일, *CL 2*(서한집 2)

장황하게 쓰는 버릇에 대한 고민

나는 왜 무엇이든 한 번만 말할 수 없을까? "둘 더하기 둘은 넷이다." "쌍쌍이 모이면 4인조가 된다." "두 배를 다시 배가하면 다섯에서 하나가 모자란다." 사실상 다 같은 말 아닌가. 이 헤어날 수 없는 덫이여!

오웬 바필드에게 보낸 편지,
1943년 5월 17일, *CL 2*(서한집 2)

글쓰기와 사고는 단일한 과정이다

 루이스에게 어떻게 글을 그토록 쉽게 쓰느냐고 물은 적이 있다. 내 생각에 그가 한 그 어떤 말보다도 그때의 답변이 그의 글쓰기에 대해 더 많은 걸 말해 준다. 그는 글쓰기의 가장 좋은 점이 동시에 두 가지를 할 수 있는 것이라고 했다. 그러면서 이렇게 예증했다. "나도 내 말이 무슨 뜻인지 알려면 일단 써 놓고 봐야 합니다." 바로 글쓰기와 사고가 단일한 과정이었다는 뜻이다.

월터 후퍼, *CL 3*(서한집 3),
"서문"

문학 집필을 재개할 때

이야기를 중단했다가 다시 이어 쓰는 것은 학술 논문 집필을 재개하는 것과는 다르다. 객관적 사실은 학자가 아무리 오랫동안 손대지 않고 공책에 두었어도 결국 동일한 결론을 입증해 준다. 다시 시동만 걸면 된다. 그러나 이야기는 유기체라서 작가가 등지고 있는 동안에도 보이지 않게 계속 자라거나 부패한다. 부패한 상태에서 집필을 재개한다는 건 거의 다 꺼진 불을 힘들여 다시 살려 내거나 지난번에 길들이다 만 수줍은 동물에게 다시 자신감을 심어 주려는 것과 같다.

English Literature in the Sixteenth Century (Excluding Drama)
(희곡을 제외한 16세기 영문학)

용어 정의

사전이나 전공 교과서를 쓰는 게 아닌 한 우리가 단어를 정의하는 이유는 하나뿐이다. 현재 일반적으로 널리 쓰이고 있는 뜻에서 어느 정도 벗어나기 위해서다.

Studies in Words(단어 연구), "서문"

언어의 한계

언어는 전달할 만한 것이면 무엇이든 전달하려고 존재한다. 그런데 언어로는 좀처럼 전달되지 않는 것도 있으며, 그럴 때 우리는 다른 수단이 있다면 아예 말로 전달하려고 시도조차 하지 않는다.

Studies in Words(단어 연구),
"언어의 변방에서"

친구에게 쓰는 글

그나저나 친구에게 글을 쓰는 목적이 이게 아니라면 무엇이겠어. 말로나마 자기 존재감을 뽐내 보고, 또 자신만의 삐딱한 면에 대해 당연히 공감도 얻어 내려는 거지.

리오 베이커에게 보낸 편지,
1920년 9월 25일, *CL 1*(서한집 1)

Part 2.

한 차원 깊은 글쓰기,
그 경이로운 모험 속으로

C. S. Lewis.

소설 쓰기

On Writing Fiction

판타지 소설 등장인물의 성격

바닷가재가 골격을 겉에 입듯이 판타지 소설의 등장인물은 성격이 겉으로 훤히 드러난다. 이야기 자체가 그들의 성격이다.

Spenser's Images of Life(삶에 대한 스펜서의 은유들),
"플로리멜의 불행"

이야기의 플롯과 "분위기"

이상하게도 여태 비평가들은 이야기 자체에는 거의 주목하지 않았다. 이야기를 담는 문체, 이야기의 전개 순서, (무엇보다) 인물 묘사 등에 대한 담론은 풍성했다. 그러나 이야기 자체 즉 연속되는 가공의 사건은 거의 매번 침묵 속에 무시되거나 인물 묘사의 배경으로만 간주되었다. ······

"순전히 이야기인" 책(즉 인물이나 사회가 아니라 가공의 사건이 주요 관심사인 책)을 논할 때면, 거의 누구나 이야기가 주는 즐거움은 "재미"(excitement)뿐이거나 본래 그래야 한다고 전제하는 것 같다. 이런 의미의 재미란 가공의 불안에서 오는 긴장과 해소의 반복이라 정의할 수 있다. 그러나 내가 보기에 이는 사실과 다르다. 그런 책 중에도 다른 요인이 끼어드는 책이 있으며, 독자에 따라서도 달라진다. ······

이야기를 사랑하는 것이 곧 재미를 탐하는 것이라면, 나야말로 그 누구보다 가장 재미를 탐하는 사람이리라. 그러나 세상에서 가장 "재미있다"는 소설 《삼총사》(The Three Musketeers)가 사실 내게는 어떠한 매력도 없다. 분위기라고는 찾아볼 수 없어 역겨울 정도다. 그 책에는 시골이 없다. 시골은 여관과 매복의 무대일 뿐이다. 날씨도 없다. 런던으로 넘어갈 때도 런던이 파리와 다르다는 느낌이 전혀 없다. 한시도 "모험"을 쉬지 않고 죽어라 일만 한다. 이 모두가 내게는 무의미하다. ……

모든 이야기의 중심에 있는 주제와 플롯 사이의 내적 긴장이야말로 '이야기'와 '삶'의 가장 큰 닮은 점이라고 결론짓는다면 내가 유별난 걸까? 그 부분에서 분명 실패하는 이야기가 있을진대, 삶도 똑같은 실책을 범하지 않던가? 이야기와 마찬가지로 실제 삶에도 사건이 발생해야 한다. 바로 그게 문제다. 우리는 어떤 (이상적인) 상태를 갈망하지만, 손에 잡히는 것은 그 상태가 온전히 담기지 않은 덧없는 일련의 사건들뿐이다.

아틀란티스섬을 찾아야 한다는 원대한 생각이 모험 이야기 첫 장에서 우리를 들뜨게 하지만, 일단 여정이 시작되면 그런 생각은 그저 재미에 밀려 자취를 감추기 일쑤다. 실제 삶에서도 자질구레한 일상에 들어서면 모험할 생각은 이내 사라진다. 실제 고생과 위험이 모험을 밀어내서만은 아니다. 귀향, 사랑하는 이와의 재회 등 다른 원대한 생각도 손에 잡히지 않기는 마찬가지다. 실망할 일이 없다 해도 삶은 계속된다. 사건이 발생하고 또 발생해야 한다. 즐거운 일만 일어날 수도 있다. 하지만 그런 일련의 사건이 우리가 바라는 순전한 존재 상태를 고스란히 담아낼 수 있을까?

작가의 플롯이 그물이라면 대개 그것은 불완전한 그물

이다. 시간과 사건으로 짠 이 그물로 전체를 다 건져 올릴 수는 없다. 삶이라고 더 나을까? 《세상 끝의 우물》(*The Well at the World's End*)에서 마법이 점점 풀리는 게 과연 결점인지, 다시 생각해 보니 잘 모르겠다. 진실이 그렇게 반영된 것뿐이다. 삶이 해 줄 수 없는 일을 예술에 기대할 수 있고, 실제로 예술은 그런 역할을 해 왔다. 새가 우리를 피해 날아가긴 했어도 그물에 걸린 상태로 책이 여러 장 진행되었고, 우리는 가까이서 새의 깃털을 보며 즐거워했다. "실제 삶"에 그만큼이라도 할 수 있는 그물이 있는 경우가 얼마나 될까?

삶에서나 예술에서나 늘 우리는 단속적인 순간들의 그물로 단속적이지 않은 (항구적인) 무엇을 잡으려는 것 같다. 만일 그 방법을 우리에게 가르쳐 줄 박사가 있다면, 결국 그물이 아주 촘촘해져 새를 가두거나 아니면 우리가 완전히 변화되어 그물을 버리고 새의 나라로 새를 따라갈 수 있으리라. 실제 삶에 그런 박사가 존재하는지 여부는 이 에세이에서 따질 문제가 아니다. 다만 나는 이야기 속에서는 때로 그런 일이 벌어지거나 거기에 아주 근접해진다고 생각한다. 그러니 얼마든지 수고할 가치가 있다.

Of Other Worlds(다른 세계들에 관하여),
"이야기에 관하여"

현대 소설의 사실주의적 헛소리

우리 시대는 참 이상하기도 하지요. 그런 책은 감정가들 눈에 전혀 띄지 않은 채 값싼 보급판 속에 꼭꼭 숨어 있는데, 런던 아파트의 어떤 신경증 환자에 대한 "사실주의적" 헛소리는 마치 진정 중요하다는 듯 문단에서 진지하게 비평되고 언급되고 있으니 말입니다. 후자는 진정한 창의력이라고는 전혀 필요치 않아서, 좀 배운 사람이면 누구나 마음먹고 쓸 수 있는데 말이지요. 이런 횡포가 언제까지 계속되어야 할까요? 20년 전에 나는 이 모두가 내 생전에 끝나고 위대한 문학이 부활하리라 확신했습니다. 그런데 내 이와 머리카락이 빠지는 지금도 구름이 걷힐 기미는 조금도 없네요.

조이 그레셤에게 보낸 편지,
1953년 12월 22일, *CL 3*(서한집 3)

반전의 묘미는 다시 읽을 때 느껴진다

책을 한 번만 읽는 사람이야말로 문학에 문외한이라 할 수 있다. 토머스 맬러리나 제임스 보즈웰이나 (로렌스 스턴의) 《신사 트리스트럼 섄디의 인생과 생각 이야기》(*The Life and Opinions of Tristram Shandy, Gentleman*)나 셰익스피어의 《소네트》(*Sonnets*)를 아예 읽어 보지 못한 사람에게는 오히려 희망이 있다. 그러나 고작 한 번 읽고서 그거면 다 된 줄로 알고 "읽어 봤다"고 말하는 사람을 어찌할 텐가? ……

재미는 …… 두 번째 읽을 때는 사라지게 마련이다. 처음 읽을 때를 제외하고는 사건에 진짜 호기심이 발동할 리 없다. 대중 연애 소설을 좋아하는 독자가 자꾸 옛 애독서를 다시 펼친다면, 이는 그 책이 그에게 일종의 시가 되었다는 확실한 증거다. 아무리 배움이 짧은 독자고 아무리 형편없는 연애 소설이라 해도 그렇다.

다시 읽는 독자가 찾으려는 것은 (이미 다 알아 버린) 반전의 내용이 아니라 반전 자체다. 처음에는 작가가 말하려는 바를 오해하는 경우가 많다. …… 처음 읽을 때는 이야기를 충분히 즐기지 못한다. 호기심이 채워지고 줄거리 자체에 대한 궁금증이 사라진 후에야 비로소 진정한 묘미를 느긋하게 음미할 수 있다. 그때까지는 마치 자연스러운 갈증으로 목이 탈 때, 찬물만 마셔도 되는데 고급 포도주를 낭비하는 것과 같다.

아이들은 이를 잘 알기에 똑같은 이야기를 똑같은 표현으로 자꾸 또 읽어 달라고 한다. 빨간 망토 소녀의 할머니처럼 보이던 존재가 늑대로 밝혀질 때 다시 "놀라고" 싶어서다. 우리도 반전을 이미 알고 글을 읽으면 더 좋다. 반전의 내용에 충격받을 일이 없기에 반전(peripeteia*) 자체의 고유한 성격에 더 잘 주목할 수 있다.

Of Other Worlds(다른 세계들에 관하여),
"이야기에 관하여"

---

* peripeteia(페리페테이아): 극적인 반전을 뜻하는 플롯 구조

시 쓰기

On Writing Poetry

시와 주제

주제가 좋다고 좋은 시가 나오는 게 아니다. 대개는 오히려 그 반대다.

English Literature in the Sixteenth Century (Excluding Drama)
(희곡을 제외한 16세기 영문학)

시어의 매력

일부 단어의 조합에서 (의미와는 거의 별개로) 음악 같은 전율이 전해져 올 수 있다니 재미있지 않아?

아서 그리브즈에게 보낸 편지,
1916년 3월 21일, *CL 1*(서한집 1)

시어의 운율과 묘미

형식보다 내용을 더 생각해야 한다는 네 말이 맞아. 내가 형식의 중요성을 언급한 건, 네가 산문을 읽으면서 이미 느끼고 있는 바를 좀 더 끌고 나가 주고 싶어서였어. 똑같은 뜻이라도 다른 표현보다 "the wall of the world"(세상의 벽)나 "at the back of the north wind"(북풍의 등에서) 같은 문구가 소리와 연상 작용 덕분에 훨씬 더 와닿는고 네가 그랬잖아. 유일한 차이라면 시가 산문보다 이런 감정을 훨씬 많이 활용하고, 문구 못지않게 운율로도 그런 효과를 낸다는 거지. 사실 단어의 운율과 묘미는 바그너의 오페라를 오케스트라용으로 편곡하는 것과 같아. 직접 말할 수 없는 것을 표현함으로써 내용을 채워 주는 셈이지. 내용이 생각의 표현이라면 형식은 감정을 표현해 주거든.

아서 그리브즈에게 보낸 편지,
1916년 7월 11일, *CL 1*(서한집 1)

눈으로도 읽고 입술로도 읽는 시

시가 벌인 "잔치에 입술도 함께 초대받았다"는 형의 말에 전적으로 동의하고, 나도 같은 공간에 있는 다른 사람에게 들리지 않을 정도로 늘 "입술로" 읽어. 내 생각에 "입술로" 읽는다는 것은 그 사람이 시를 정말 좋아한다는 확실한 증표야. 단언하건대 시를 다른 식으로 읽는 사람이 찾으려는 건 "고상한 사상", 브라우닝 학회와 릴리 이모가 부여한 부정적 의미에서의 "철학" 또는 사회사 같은 것이지 시가 아니야.

형 워렌 루이스에게 보낸 편지,
1932년 4월 8일, *CL 2*(서한집 2)

완전한 경지에 이른 존 스켈턴의 가벼운 시

스켈턴의 *Philip Sparrow*(참새 필립)는 우리가 유년기에 접한 최초의 명시다. …… 내가 아는 모든 시 가운데 정말 가장 가벼우면서도 비눗방울 같은 시다. 만지면 터질 것 같은데 숨을 죽이고 들여다보면 거의 완전하다. 이렇게 완전해지는 데 스켈턴 시 양식〔짧은 행마다 두세 번의 스타카토식 강세, 연속 압운, 두운, 구어체 리듬 등-옮긴이〕이 필수 역할을 했다. 꼭 새 같으면서 또 아이 같기도 한 그 종잡을 수 없는 재잘거림과 종종거림 속에 시의 주제가 최대한 잘 구현되어 있다. 내 생각에 우리가 주저 없이 명시라 불러야 할 시다. 완전한 경지에 이른 가벼운 시, 완전하게 소소한 시는 문학에서 좀처럼 보기 드문 위업이다.

English Literature in the Sixteenth Century (Excluding Drama)
(희곡을 제외한 16세기 영문학)

시는 생각의 성육신이다

태초에 하나님은 하나님과 인간과 천사와 (본래 상태의) 동물의 즐거움을 위해 위대한 상상력으로 자연계 전체를 고안하여 빚으셨고, 굳이 자신을 인간의 언어로 표현하셨다. 이때 그 언어가 때로 시로 터져 나온 것은 내 생각에 적절하다 못해 거의 불가피해 보인다. 시 또한 이전에 보이지 않고 들리지 않던 것에 몸을 입혀 주는 작은 성육신이기 때문이다.

《시편 사색》(*Reflections on the Psalms*)

시는 글쓰기의 한 양식이다

시인의 말이 종교적이면 시는 단지 종교의 일부입니다. 시인의 말이 재미있기만 하면 시는 단순히 오락일 뿐입니다. 시인의 말이 악하면 시는 죄악이 될 뿐이고요. 누구든 말에 운율과 은유와 연상 등을 실을 때마다 "시"를 쓰는 것이지만, 그 시가 전체 맥락에서 어떤 용도로 쓰일지는 그 사람이 무슨 말을 하려는지에 달려 있습니다. 사실 어떤 의미에서 시라는 것은 존재하지 않습니다. 시는 독자적 요소가 아니라 글쓰기의 한 양식(mode)이니까요.

베데 그리피스 신부에게 보낸 편지,
1936년 7월 28일, *CL 2*(서한집 2)

현대의 정치 시

현대의 대다수 정치 시와 진짜 비슷한 것은 하나님이나 예수의 수난이나 천국을 주제로 한 종교시가 아니라 "종교"(으악!)를 주제로 한 그저 경건한 시입니다. 정치라는 종교는 성례가 없는 종교입니다. 정치가 자행하는 인신 제사는 그냥 살인일 뿐이지 제의(祭儀)적 살인조차 아니니까요. 윌리엄 워즈워스는 유령 같은(시적으로 말해서) 정치의 성격을 그나마 소네트라는 정형시로 보완했습니다. 그러나 같은 내용을 자유시 형식에 담는다면 나로서는 차마 용납할 수 없습니다. 그저 요란한 빈 수레일 뿐이지요.

채드 월시에게 보낸 편지,
1950년 10월 20일, *CL 3*(서한집 3)

어린이를 위한 글쓰기

On Writing for Children

어린이를 위한 글과 동화

어린이를 위한 글을 쓰는 이들에게는 내 생각에 세 가지 집필 방법이 있다. 둘은 좋은 방법이고 하나는 대체로 나쁜 방법이다.

내가 나쁜 방법을 알게 된 것은 최근에 두 사람을 통해서인데, 아마 그들은 그런 줄도 모를 것이다. 그중 한 사람은 자신의 원고를 내게 보내온 어느 부인이다. 그녀의 글에 등장하는 요정은 아이에게 신기한 기기를 주며 마음대로 써먹게 했다. 내가 "기기"라 칭하는 이유는 요술 반지, 요술 모자, 요술 망토 같은 전형적인 소품이 아니라 여러 마개와 손잡이, 누르는 단추가 달린 기계였기 때문이다. 여기를 누르면 아이스크림이 나오고 저기를 누르면 살아 있는 강아지가 나오는 식이었다. 그 작가에게 솔직히 나는 그런 것에 별로 관심이 없노라고 말했더니 그녀는 이렇게 답변했다. "그야 저도 그렇답니다. 제게는 이게 따분해서 잡생각이 날 정도예요. 하지만 요즘 애들은 이런 걸 원하거든요."

또 다른 사례는 다음과 같다. 내가 쓴 첫 동화에 친절한 파우누스가 주인공 소녀에게 고급 다과를 대접하는 장면이 자세히 묘사되는데, 자녀를 둔 한 남자가 그걸 보고 이렇게 말했다. "아, 알 것 같네요. 성인 독자의 환심을 사려면 섹스 장면을 넣잖아요. 그래서 당신은 생각한 겁니다. '아이들에게는 그게 통하지 않을 테니 대신 뭘 준담? 그렇지! 꼬맹이들은 배불리 먹는 걸 좋아하지.'" 사실은 나 자신이 먹고 마시는 걸 좋아한다. 그래서 내가 어릴 때 읽고 싶었고 50대에 들어선 지금도 즐겨 읽는 내용을 넣었을 뿐이다.

이 두 사례에 나온 이들은 모두 어린이를 위한 글쓰기를 "대중이 원하는 것을 주는" 일의 특수 분과쯤으로 여겼다. 어린이는 당연히 특수한 대중이니 그들이 원하는 걸 알아내서 그걸 주면 된다는 것이다. 작가 자신은 그게 싫더라도 말이다.

두 번째 방법도 언뜻 거의 똑같아 보이지만 내 생각에 겉으로만 비슷할 뿐이다. 루이스 캐럴과 케네스 그레이엄과 J. R. R. 톨킨이 바로 이 방법을 쓴다. 특정한 한 아이에게 생생한 목소리로 어쩌면 즉석에서 들려준 이야기를 나중에 책으로 다듬는 것이다. 반드시 아이가 원하는 것을 주려 한다는 점에서 첫 번째 방법과 비슷하다. 그러나 상대는 특정인이며, 당연히 이 아이는 나머지 모든 아이와는 다르다.

"어린이"를 특이종으로 보고 인류학자나 여행사 직원처럼 그들의 습성을 "파악할" 것까지도 없다. 게다가 우리가 아이와 마주한 상태에서 아이의 환심을 살 목적으로, 자신은 관심조차 없거나 경멸하는 소재로 아이를 즐겁게 하기란 불가능할 것이다. 틀림없이 아이도 금세 다 알아차릴 것이다. 어떤 인간관계든 양쪽 다 서로를 통해 변화하게 마련이다. 우리도 아이에게 말하는 사이에 약간 달라지고, 아이도 어른의 말을 듣는 사이에 약간 달라진다. 합성 인격체라 할 만한 공동체가 형성되면서 거기서 이야기가 싹트는 것이다.

세 번째 방법이자 내가 사용할 수 있는 유일한 방법은, 작가가 하려는 말에 가장 적합한 예술 형식이 동화라서 동화를 쓰는 것이다. 작곡가가 장송 행진곡을 작곡하는 이유가, 무슨 사회장(社會葬: 사회적으로 공로가 큰 사람이 죽었을 때에 모든 사회단체가 연합하여 장례를 치르는 것-편집자)이 예정되어 있어서가 아니라 자신에게 떠오른 특정 악상이 그 형식으로 가장 잘 표현되기 때문인 것과 같다. 이 방법은 동화뿐만 아니라 다른 종류의 아동 문학에도 적용될 수 있다. 내가 듣기로 작가 아서 미는 어린이를 만나 본 적도 없고 만날 마음도 없었다고 한다. 그가 즐겨 쓴 글을 소년들이 즐겨 읽었다는 것은 그로서는 다소 행운이었다. 이 일화가 실제로는 사실과 다를지 몰라도, 내가 하려는 말을 잘 예시해 준다.

"어린이가 읽는 이야기" 장르에서 마침 내게 맞는 하위 장르는 판타지 문학 또는 (느슨한 의미의) 동화(fairy tale)다. 물론 다른 하위 장르도 더 있다. 다른 종류의 탁월한 대표작으로 배스터블 일가에 대한 이디스 네스빗의 3부작이 있다. 어린이가 읽을 수 있고 실제로 읽는다는 의미에서는 "동화"(children's story)지만, 이 작품은 네스빗이 유년기의 해학을 그토록 풍성히 표현할 수 있는 유일한 형식이기도 하다. 배스터블가(家) 아이들이 성인의 관점에 맞게 다듬어져 그녀의 한 성인 소설에 등장하긴 하지만, 그저 잠깐에 그친다. 그녀도 계속 끌고 나갈 마음은 없었을 것이다.

어른의 눈에 비친 아이를 장황하게 기술하면 으레 감상이 끼어든다. 우리 모두가 경험했듯이 그러면 실제 유년기는 증발하고 만다. 다들 기억하다시피 우리가 살아 낸 유년기는 어른들이 보던 것과는 한없이 달랐다. 그래서 마이클 새들러 경은 어느 신생 실험학교에 대한 견해를 묻는 내게 이렇게 답변했다. "실제로 어땠는지를 아이들이 다 커서 들려줄 때까지는 나는 그런 실험에 대해 일절 견해를 밝히지 않습니다." 요컨대 배스터블가 3부작은 어린이에 관한 책이고 개연성 없는 일화가 많은데도, 성인에게까지도 웬만한 성인 대상 서적보다 더 사실주의적인 책이라 할 수 있다.

동시에 어린이 독자에게는, 자신도 모르게 훨씬 성숙하게 행동하도록 해 준다. 책 전체가 오스왈드라는 아이가 펼쳐 나가는 인물 연구이자 무의식중의 풍자적 자화상인데, 총명한 아이라면 누구나 충분히 이해할 수 있다. 그러나 다른 형식의 인물 연구를 진득이 앉아서 읽을 어린이는 없다. 동화가 이런 심리적 주제를 매개하는 방식이 더 있지만, 그것은 나중에 따로 살펴볼 주제다.

배스터블가 3부작을 간략히 살펴보다가 우연히 건진 원리가 있다. 작가가 하려는 말에 적합한 형식이 동화라면, 그 말을 들으려는 독자는 당연히 어느 나이라도 동화를 (다시) 읽을 것이다. 나는 《버드나무에 부는 바람》(The Wind in the Willows)이나 배스터블가 3부작을 20대 후반에야 접했지만, 그렇다고 즐거움이 조금도 덜하지 않았다. 거의 원칙으로 정하고 싶거니와, 아이들만 즐기는 동화는 부실한 동화다. 좋은 동화는 평생 간다. 왈츠를 직접 출 때만 좋아할 수 있는 왈츠곡은 수준이 낮다.

이 원칙은 동화 중에서도 내가 가장 사랑하는 장르인 판타지 즉 공상 소설의 경우에 더할 나위 없이 옳아 보인다. 현대 비평계에서는 "성인"(adult)이라는 단어를 칭송의 의미로 쓴다. 비평가들은 "향수"에 적대적이고 "피터 팬 심드롬"을 경멸한다. 그러니 나이를 쉰셋이나 먹고도 난쟁이와 거인, 말하는 짐승과 마녀가 여전히 좋다는 남자는 만년 청춘이라고 칭찬받기는커녕 아직 어린애라고 조롱과 동정을 살 소지가 높다. 지금부터 잠시 이런 비난에 맞서나 자신을 변호해 볼 텐데, 이는 조롱과 동정이 마음에 거슬려서라기보다는 이 변호에 동화는 물론 문학 전반을 대하는 나의 총체적 관점이 담겨 있어서다. 나의 변호는 세 가지 명제로 이루어진다.

(1) "당신네도 똑같다"라는 것이 나의 대응이다. "성인"을 단순 명사 대신 칭송의 말로 취급하는 비평가들은 자신도 성인일 수 없다. 어서 어른이 되고 싶고, 성인이라는 이유만으로 성인을 우러러보며, 유치해 보일까 봐 부끄러워하는 것, 이는 다 유년기와 사춘기의 특징이다. 정도만 적당하다면 유년기와 사춘기 때는 그것이 건강한 증상이다. 아이들은 어서 커서 어른이 되고 싶게 마련이다. 그러나 성인이 되려는 집착이 중년이나 하다못해 성년을 막 지나고 나서도 지속된다면, 그거야말로 미성숙하다는 증거다.

나는 열 살 때는 동화를 몰래 읽었고, 만일 그러다 들켰다면 창피했을 것이다. 그러나 50세가 된 지금은 동화를 드러내 놓고 읽는다. 내가 장성한 사람이 되어서는 어린아이의 일을 버렸는데, 유치함에 대한 두려움과 훌쩍 어른이 되고 싶던 마음도 함께 버렸다.

(2) 현대에는 성장을 바라보는 관점이 잘못되어 있는 것 같다. 비평가들이 우리를 충분히 자라나지 못했다고 비난하는 이유는 우리가 어릴 적 취향을 잃지 않았기 때문이다. 하지만 실제로 미성숙이란 옛것을 잃지 않는 것이 아

니라, 새것을 습득하지 못하는 것 아닌가? 지금의 나는 백포도주를 즐기지만, 어릴 적에는 당연히 그래서는 안 됐다. 그런데 레몬스쿼시는 여전히 좋아한다. 이것이 내가 말하는 성장이나 발육이다. 전에는 즐기는 게 하나뿐이었는데 이제 둘이 됨으로써 내가 더 풍요로워졌기 때문이다.

하지만 그 전에 레몬스쿼시에 입맛을 잃어야만 백포도주 맛을 느낄 수 있다면, 이는 성장이 아니라 그냥 변화다. 지금의 나는 동화 못지않게 톨스토이와 제인 오스틴과 앤서니 트롤럽의 소설도 즐겨 읽는다. 이 또한 성장이다. 소설을 얻기 위해 동화를 잃어야만 했다면, 나는 성장했다고 할 수 없고 그저 달라졌을 뿐이다. 나무는 나이테가 늘면서 자라지만, 한 역을 떠나 다음 역으로 칙칙폭폭 달리는 기차는 자라지 않는다. 실제로 이 논거는 이보다 더 탄탄하고 복잡하다.

지금의 나는 동화를 읽을 때도 소설을 읽을 때만큼이나 확연히 성장해 있다. 어릴 적보다 지금 동화를 더 잘 즐기기 때문이다. 지금은 더 많은 것을 투입할 수 있으니 당연히 얻는 것도 더 많다. 하지만 여기서는 그 점을 강조하려는 게 아니다. 설령 아동 문학의 취향은 그대로인 채로 거기에 성인 문학의 취향이 더해지기만 했다 해도, 그 확장만으로도 "성장"이라 불릴 자격은 충분하다. 반면에 단순히 보따리 하나를 내려놓고 다른 하나를 집는 과정은 성장에 해당하지 않는다.

물론 안타깝게도 성장 과정에 부수적으로 상실이 더 뒤따르는 건 사실이다. 하지만 그것이 성장의 본질은 아니며, 그것 때문에 성장이 훌륭해지거나 바람직해지는 것은 더더욱 아니다. 만일 보따리를 놓거나 역을 떠나는 것이 성장의 본질이고 미덕이라면, 성인기에서 멈추어야 할 까닭이 무엇인가? 왜 "노년"(senile)은 똑같이 칭송의 말이 아닌가? 이가 빠지고 머리숱이 줄어드는 걸 왜 축하하지 않는가? 일부 비평가는 성장과 성장의 대가를 혼동하는 것 같고, 그 대가를 실제보다 필요 이상으로 훨씬 부풀리려는 것 같다.

(3) 동화와 판타지 문학을 유년기와 결부시키는 개념 자체가 편협하고 우발적인 생각이다. J. R. R. 톨킨이 동화를 소재로 쓴 에세이를 다들 읽어 보았기를 바란다. 아마도 역사상 이 주제에 가장 긴요하게 공헌한 글일 것이다. 당신도 읽었다면 이미 알겠지만, 거의 모든 시대와 지역에서 동화 장르는 특별히 어린이를 위해 생겨난 것이 아니며 어린이만 즐기지도 않았다. 동화는 문학계에서 유행이 지나면서 아이들 방으로 옮겨 갔다. 빅토리아 시대 주택에서 유행이 지난 가구가 아이들 방으로 옮겨 간 것처럼 말이다. 많은 어린이가 말총 소파를 좋아하지 않듯이 실제로 동화책도 좋아하지 않으며, 반대로 대다수 성인은 흔들의

자를 좋아하듯이 동화책도 좋아한다.

아이든 어른이든 동화를 좋아하는 사람은 아마 이유가 똑같을 것이다. 그 이유가 무엇인지는 아무도 확실히 말하기가 어렵다. 다만 내가 가장 자주 생각하는 두 가지 이론은 각각 톨킨과 카를 융의 이론이다.

톨킨에 따르면 우리가 동화에 마음이 끌리는 이유는, 인간이란 "창조할" 때(시쳇말로 "삶에 관해 논평할" 때가 아니라 가능한 한 자신만의 작은 세계를 지어낼 때) 본연의 역할을 최대한 다하기 때문이다. 톨킨이 보기에 그것이 인간으로서 마땅히 해야 할 제구실 가운데 하나다 보니, 이를 성공리에 수행할 때마다 우리는 자연히 즐거워진다. 융은 동화가 집단 무의식 속에 살고 있는 각종 "원형"을 해방시킨다고 보았다. 좋은 동화를 읽을 때 우리는 "너 자신을 알라"라는 옛 격언에 순종한다는 것이다.

여기에 감히 내 이론을 보태 보자면(사실 앞의 둘처럼 전체는 아니고 그중 한 요소지만) 동화 속에는 인간은 아닌데 어느 정도 인간처럼 행동하는 존재가 등장한다. 바로 거인과 난쟁이와 말하는 동물이다. 이들은 적어도 하나의 훌륭한 상징으로서(힘과 아름다움의 출처가 그밖에도 많을 수 있으니), 소설의 서사로는 아직 가닿을 수 없는 독자들에게 등장인물의 심리와 성격을 소설의 서사보다 더 간단하면서도 정확하게 전달해 준다.

케네스 그레이엄의 《버드나무에 부는 바람》에서 배저 아저씨로 등장하는 오소리를 생각해 보라. 그는 높은 지위에 거칠고 우락부락한 태도와 숫기 없고 착한 성격이 절묘하게 조합된 특이한 인물이다. 어린 시절 배저 아저씨를 만난 아이는 인간성과 영국 사회사 관련 지식이 평생 뼛속 깊이 새겨진다. 이런 깨달음은 이렇게 말고는 다른 어떤 식으로도 얻을 수 없다.

물론 아동 문학이 다 판타지 문학이 아니듯 판타지 서적도 다 아동 도서일 필요는 없다. 낭만주의라면 기를 쓰고 배격하는 우리 시대지만, 그래도 성인을 위한 판타지 소설을 쓰는 게 가능하다. 다만 그런 책이 출간되려면 먼저 명칭부터 시류에 맞는 장르 문학으로 고쳐야 할 것이다. 그런데 시기에 따라 어떤 작가에게는 판타지뿐만 아니라 아동 판타지까지도 자신이 하려는 말에 알맞은 장르일 수 있다.

양쪽의 차이는 미미하다. 아동 판타지와 성인 판타지의 공통점이, 그 둘 중 하나와 기타 일반 소설 또는 소위 "아동 생활 소설"과의 공통점보다 훨씬 크다. 실제로 같은 독자가 분명히 "아동" 판타지도 읽고 성인 판타지 소설도 읽을 것이다. 이런 독자에게는 굳이 환기시킬 필요도 없겠지만, 책을 연령대별로 깔끔하게 구분하는 것은 출판사에서나 중시할 뿐이지 진정한 독서가의 습관과는 크게 관계가 없다.

나이 들어서 유치하게 아이들 책을 읽는다고 비난받는 사람일수록 어렸을 때는 어른들 책을 읽는다고 비난받았다. 명실상부한 독서가치고 인생 시간표에 맞춰 책을 읽는 사람은 없다. 그래서 양쪽의 차이는 더더욱 미미하다. 무엇 때문에 내 삶의 한 시점에서 이렇게 느껴졌는지는 모르겠지만, 내가 써야만 하는(또는 터뜨려야만 하는) 장르는 어린이 대상 동화까지 포함해서 바로 동화다. 우선 동화에서는 내가 빼고 싶은 요소를 뺄 수 있고 빼야만 한다. 책의 모든 힘을 인물의 말과 행동 속에 최대한 응집시켜야 한다. 어느 친절하고도 예리한 비평가가 말한 "해설 귀신"이 내 안에도 있는데, 동화라는 장르가 이를 제지해 준다. 또 동화에는 아무래도 분량의 제약이 따르는데 이 또한 아주 유익하다.

판타지 동화를 길게 논한 이유는 내가 그것을 가장 잘 알고 가장 사랑하기 때문이지, 다른 장르를 폄하하려는 것은 아니다. 그런데 다른 장르를 좋아하는 이들은 걸핏하면 동화를 폄하하려 든다. 100년쯤에 한 번씩은 꼭 헛똑똑이가 나타나 동화를 몰아내려 한다. 그래서 나라도 아이들이 읽을 동화를 옹호하는 것이 좋겠다.

아이들에게 그들이 살아가는 세상에 대해 잘못된 인상을 심어 준다는 이유로 동화를 비난하는 경우가 많다. 하지만 내 생각에는 아이들이 읽을 만한 문학 가운데 동화야말로 그다지 잘못된 인상을 주지 않으며, 오히려 자칭 사실주의 소설이 아이들을 속일 소지가 훨씬 높다. 나는 현실 세계가 동화 같으리라고 기대한 적은 없지만, 실제 학교생활이 학교 소설 같으리라는 기대는 있었다. 그런데 판타지 작품은 나를 속이지 않았으나 학교 소설은 속였다. 자연법에 어긋나지 않는다는 의미에서 학교 소설 속에서 펼쳐지는 모험과 성공이 가능하기는 하지만, 아이들이 그런 경험을 직접 할 개연성은 거의 없다. 잘못된 기대를 부추길 위험이라면 이런 소설이 동화보다 더 높다.

흔히들 비난하는 현실 도피 문제에도 거의 똑같이 답할 수 있다. 다만 이 경우는 문제가 그리 단순하지 않다. 그렇다면 동화는 아이들에게 현실 세계에서 일어나는 문제를 직시하지 않고 소원 성취의 세계로(심리학적 의미의 "공상" 즉 백일몽 속으로) 도피하도록 가르칠까? 바로 여기서 문제가 미묘해진다. 이번에도 동화와 학교 소설을 나란히 두고 생각해 보자. "아동 도서"와는 별개로 "소년/소녀 도서"라 칭하는 기타 모든 소설도 후자에 해당한다.

분명히 양쪽 다 소원을 품게 하고 상상 속에서 그것을 충족시켜 준다. 우리는 거울 속으로 들어가 동화 나라에 가 보고 싶어 한다(동화). 또한 학교에서 굉장히 인기 있고 성공한 아이, 첩자의 음모를 밝혀내거나 카우보이조차 다

루지 못한 말을 타는 행운의 소년 소녀가 되기를 동경한다 (학교 소설). 하지만 이 두 가지 동경에는 큰 차이가 있다.

우선 후자는 탐욕스럽고 너무 심각하며, 특히 일상과도 같은 학교생활에 대입하면 더욱 그렇다. 그 상상 속에서 맛보는 충족감은 정말이지 사실적인 보상이다. 그래서 우리는 현실 세계의 실망과 수모에서 벗어나려고 그쪽으로 달려간다. 하지만 결국 지독히도 불만스러운 현실 세계로 돌아와야 한다. 이 모두가 자존심을 부추기는 아첨이기 때문이다. 쾌감은 자신을 선망의 대상으로 상상하는 데서 온다.

반면에 전자인 동화 나라를 꿈꾸는 동경은 사뭇 다르다. 동화 나라를 동경하는 것과 열한 명의 영웅(학교 대표 축구팀)에 뽑히기를 동경하는 것은 의미가 다르다. 아이가 동화 속에서 펼쳐지는 모든 위험과 고생을 말 그대로 정말 동경한다고(현대 영국에서 정말 용을 원한다고) 생각할 사람이 있을까? 그렇지 않다. 동화 나라가 불러일으키는 동경이 무엇을 동경하는 것인지 아이 자신도 모른다는 말이 훨씬 맞을 것이다.

동화 나라는 손닿지 않을 무언가가 있으리라는 아련한 의식을 자극하면서 아이를 동요시키며(평생 풍요롭게 해 준다), 현실 세계에 무뎌지거나 눈감게 하기는커녕 오히려 현실 세계에 새로운 차원의 깊이를 더해 준다. 아이가 마법의 숲 이야기를 읽었다 해서 진짜 숲을 멸시하지는 않는다. 오히려 독서 덕분에 모든 진짜 숲에 약간의 마법이 걸린다. 이는 특별한 동경이다.

앞서 말한 부류의 학교 소설을 읽는 아이는 성공을 갈망하지만 (책이 끝나면) 불행하다. 자기는 그런 성공을 할 수 없어서다. 그러나 동화를 읽는 아이는 갈망한다는 사실 자체로 행복하다. 대개 사실주의 소설에서와는 달리, 생각이 자신에게 집중되지 않기 때문이다.

그렇다고 소년 소녀를 위한 학교 소설을 쓰지 말아야 한다는 말은 아니다. 판타지 소설보다 학교 소설이 엄밀한 의미의 "공상"(판타지)일 소지가 훨씬 높다는 것뿐이다.

이 차이는 성인의 독서에도 똑같이 적용된다. 위험한 공상은 늘 겉보기에만 현실적이다. 솔깃한 몽상의 진짜 피해자는 〈오디세이아〉(Odyssey)나 셰익스피어의 《템페스트》(The Tempest)나 E. R. 에디슨의 *The Worm Ouroboros*(뱀 아우로보로스) 같은 판타지에 기생하지 않는다. 그런 사람은 이야기에 나오는 백만장자, 절세 미모, 고급 호텔, 야자수 해변, 침실 장면 등을 선호한다. 공정한 기회만 주어졌다면 그 독자에게도 그런 일이 정말 일어날 수 있고, 일어나야만 하며, 일어났을 것이다. 그래서 앞서 말했듯이 동경에는 두 종류가 있다. 하나는 정신을 단련하는 수양이고, 또 하나는 병이다.

아동 문학으로서의 동화를 훨씬 더 심각하게 공격하는 쪽은 아이들을 무섭게 하지 않으려는 사람들이다. 나도 어렸을 때 밤의 공포를 숱하게 겪어 보았기에 이 반론을 가벼이 넘길 수 없다. 혼자만 오롯이 겪어야 하는 그 지옥 불을 어느 아이에게도 지펴 주고 싶지 않다. 하지만 내 경우 동화 때문에 생겨난 두려움은 하나도 없었다. 제일 겁이 났던 건 큰 곤충류였고, 그 한참 다음으로 귀신이 있었다. 귀신이야 직간접으로 이야기(분명히 동화는 아니었다)에서 유래했겠지만, 곤충은 그렇지 않았다. 부모님이 그 무슨 수를 썼더라도, 징그러운 다족류의 발과 턱과 매서운 눈초리에서 내가 자유로워질 길은 없었을 것이다.

지금껏 수많은 사람이 지적했듯이 바로 여기가 난감한 대목이다. 무엇이 한 아이를 이런 의미에서 두렵게 하거나 또는 그렇지 않을지 우리는 모른다. "이런 의미에서"라 함은 여기서 구분이 필요하기 때문이다. 아이들을 무섭게 해서는 안 된다는 사람들의 말은 두 가지 의미일 수 있다.

(1) 아이에게 병적인 두려움을 안겨 줄 만한 일은 무엇이든 해서는 안 된다. 이런 두려움은 아이를 끈질기게 괴롭히고 무력하게 하기에 웬만한 용기로는 막아 낼 수가 없다. 사실상 공포증(phobias)이다. 아이가 감당하지 못할 생각이라면 가능한 한 그 머릿속에 주입하지 말아야 한다.
(2) 아이에게 자신이 죽음과 폭력과 상처와 모험과 용기와

비겁함과 선과 악이 뒤섞인 세계에 태어났다는 사실을 애써 모르게 해야 한다.

전자의 의미라면 나도 동의하지만 후자의 의미라면 아니다. 후자는 오히려 아이들에게 잘못된 인상을 심어 주고, 나쁜 의미에서의 현실 도피를 부추긴다. 오게페(OGPU; 구소련의 국가비밀경찰)가 세계 각지에서 활동하고 원자폭탄이 터지는 시대에 태어난 세대를 그렇게 교육하다니, 그 개념 자체가 우습다. 어차피 잔인한 적을 만날 소지가 높은 그들이니, 용감한 기사와 대담무쌍한 영웅의 이야기를 최소한 미리 들어 보게라도 하라. 그러지 않으면 그들의 운명을 더 밝아지게 하는 것이 아니라 더 암울하게 하는 것이다.

또 우리 대부분이 알다시피 이야기에 등장하는 폭력과 유혈은 아이들의 머릿속에 병적인 공포를 자아내지도 않는다. 이 점에 관한 한 나는 일말의 가책도 없이, 전체 인류의 편에 서서 현대의 개혁론자에게 맞선다. 악한 왕과 참수형, 전투와 지하 감옥, 거인과 용을 그대로 남겨 두라. 악당일랑 책이 끝날 때 확실히 죽음을 맞게 하라. 이것이 평범한 아이에게 두려움(그 종류나 정도 여하를 막론하고)을 유발한다는 개념에 나는 절대로 동의할 수 없다. 아이가 원하거나 아이에게 필요한 두려움 이상은 아니다. 물론 약간의 두려움은 아이도 원하니 말이다.

다만 공포증 같은 두려움은 다른 문제다. 내 생각에 이것은 문학으로 통제 불가능한, 우리 인간이 선천적으로 타고난 어떤 요소 같다. 물론 아이의 공포 대상인 특정한 이미지를 책으로 추적해 올라갈 수 있는 경우도 있다. 하지만 그 책은 두려움의 근원일까, 아니면 계기일 뿐일까? 설령 그 이미지를 용케 피했다 해도, 당신이 전혀 예측할 수 없는 다른 이미지가 똑같은 영향을 발휘하지 않았을까? G. K. 체스터턴이 말한 어떤 소년은 세상 무엇보다도 앨버트 기념비가 제일 무서웠다. 내가 아는 어떤 남자는 어렸을 때 《브리태니커 백과사전》(Encyclopedia Britannica)의 인도(India) 보급판을 보고는 엄청난 공포에 사로잡혔다. 왜 그랬을까? 당신이 한번 그 이유를 맞혀 보라.

불상사라고는 눈곱만큼도 일어나지 않는 깔끔한 "아동 생활 소설"만 자녀에게 읽힌다 해도, 당신은 공포를 몰아내지 못할 수 있다. 오히려 자녀에게 고결함과 참을성을 길러 줄 만한 요소만 모조리 몰아낼 수도 있다. 동화에는 무서운 인물만 아니라 영원한 위로자나 보호자 같은 훌륭한 인물도 같이 등장하기 때문이다. 무서운 인물도 무섭기만 한 것이 아니라 기품이 있다.

어린아이가 잠결에 무슨 소리가 들리거나 혹은 들린 것 같아서 무서워할 일이 전혀 없다면 좋을 것이다. 하지만 어차피 무서울 거라면 그런 순간에 아이가 그냥 밤도둑보다는 거인과 용을 떠올리는 것이 더 좋을 것 같다. 또 자신을 두려움에서 건져 내 줄 존재로 경찰을 떠올리기보다는…… 눈부신 갑옷을 입은 용사를 떠올리는 게 더 위로가 되지 않을까?

자, 한 걸음 더 나간다. 설령 내가 밤의 공포를 다 면할 수 있었다 해도 그 대가로 "요정"을 몰라야 했다면, 지금 나는 그 거래의 승자일까? 가볍게 하는 말이 아니다. 두려움은 아주 지독했다. 하지만 만일 그랬다면(요정을 몰랐다면) 손해가 너무 컸을 것이다.

글이 주제에서 한참 벗어났다. 세 가지 방법 가운데 내가 경험으로 아는 게 세 번째뿐이라서 어쩔 수 없었다. 이 글의 제목을 보고 행여 누구라도, 내가 주제넘게 어린이를 위한 글을 쓰는 법을 가르치려 든다고 생각하지 않았으면 좋겠다. 두 가지 확실한 이유에서다.

하나는 이야기를 나보다 훨씬 잘 써낸 사람이 많다는 것이다. 나로서는 작법을 가르치려 들기보다 차라리 배우고 싶다.

또 하나는 어떤 의미에서 내가 이야기를 딱히 "창작한" 적이 없다는 것이다. 이야기를 쓰는 과정이 내게는 말을 하거나 건물을 짓는 것보다는 새를 관찰하는 쪽에 훨씬 가깝다. 우선 여러 심상이 떠오른다. 그중 더러는 정취도 같고 냄새도 거의 같아서 함께 무리를 이룬다. 말없이 관찰하노라면 서서히 저절로 어우러진다. 운이 아주 좋으면(나는 그런 적이 없지만) 전체가 정연하게 하나로 들어맞아 작가가 아무것도 안 했는데도 이야기가 완성된다.

그러나 대개는(내 경험상으로는 언제나) 빈틈이 있다. 그래서 결국은 작가가 어느 정도 지어내야 한다. 인물들이 다양한 곳에서 다양하게 행동해야만 하는 이유를 작가가 찾아내야 한다. 이것이 이야기를 쓰는 최고의 방법인지는 고사하고 통상적 방법인지도 나는 모른다. 내가 아는 유일한 방법일 뿐이다. 언제나 심상이 먼저다.

서두에서 했던 말로 다시 돌아가서 글을 마무리하고자 한다. "요즘 아이들은 무엇을 좋아할까?"라는 질문으로 시작하는 접근법을 나는 완전히 배격했다. 그러면 이런 질문이 따라 나올 수 있다. "'요즘 아이들에게 무엇이 필요할까?'라는 질문으로 시작하는 접근법, 다시 말해서 교훈을 주려는 접근법도 똑같이 배격합니까?" 내 대답은 "그렇다"이다. 교훈을 주는 이야기가 싫어서는 아니고, 아이들이 교훈을 싫어할 것 같아서는 더더욱 아니다. "요즘 아이들에게 무엇이 필요할까?"라고 물어서는 좋은 교훈이 담긴 이야기를 쓸 수 없다고 확신해서다. 그렇게 묻는다면 우리는 너무 고자세를 취하는 것이다.

그보다는 "내게 필요한 교훈은 무엇일까?"라고 묻는 게 낫다. 작가가 별로 관심이 없는 주제라면, 나이를 불문하고 독자에게도 큰 관심을 끌지 못할 테니 말이다. 사실 이런 질문을 아예 안 하는 게 가장 좋다. 교훈일랑 심상이 알아서 말하게 두라. 심상 속에 내재된 교훈은 작가가 지금껏 살아오면서 쌓아 온 내공에서 나오게 되어 있다.

설령 드러나는 교훈이 없더라도 굳이 끼워 넣지 말라. 당신이 끼워 넣는 교훈은 당신의 의식 표면에서 긁어낸 상투어나 심지어 허언일 소지가 높다. 이런 말은 아이에게 적합하지 않다. 하나님의 말씀에도 나와 있듯이 도덕 영역에서는 어린아이가 적어도 우리만큼은 지혜롭다. 교훈을 담지 않고도 동화를 쓸 수 있다면 누구든 그리하는 게 낫다. 행여 동화를 쓸 거라면 말이다. 작가가 구상한 전체 등장인물에게서 저절로 나오는 교훈만이 값지다.

이야기의 모든 것은 정말 작가가 구상한 전체 등장인물에게서 나와야 한다. 우리가 상상하는 내용 중에는 아이들과 공유하는 요소가 있게 마련이다. 어린이를 위한 글을 쓸 때는 바로 그런 요소를 소재로 써야 한다. 소재에 대한 작가의 관심이 어린이 독자보다 덜하거나 덜 진지해서는 안 된다. 아이들에게 없는 다른 관심사가 우리에게는 더 있다는 것만 다를 뿐이다. 이야기의 내용은 평소 우리가 지닌 소신에서 나와야 한다. 내 생각에 아동 문학의 모든 위대한 작가는 그랬다. 그런데 대개 이 사실을 잘 모른다.

얼마 전에 어느 비평가가 아주 진지한 동화를 호평하

는 와중에 작가가 "한 번도 장난조로 쓰지 않았다"고 말했다. 장난조로 쓸 이유가 전혀 없지 않은가? 아이들과 공유하는 요소는 다 어딘가 모자라고 "유치하며" 유치한 것은 다 웃긴다는 생각, 그 생각이야말로 동화를 쓰는 데 가장 해롭다. 우리는 어린이를 대등한 존재로 대해야 한다. 대등한 본성의 영역에서 만나야 한다. 삶의 다른 영역을 주관한다는 점과 이야기를 아이들보다 잘한다는 점(이 글의 주제와 더 직결된다)에서만 어른이 더 나을 뿐이다.

어린 독자를 가르치려 들거나 우상화하지 말고 인간 대 인간으로 대화해야 한다. 무엇보다도 최악의 태도는 어린아이라고 몽땅 싸잡아 무슨 원자재처럼 관리하려는 "꼰대" 근성이다. 물론 우리는 아이들에게 해를 끼쳐서는 안 되며, 때로는 하나님의 섭리로 감히 유익을 끼치기를 꿈꿀 수도 있다. 그러나 그 유익은 그들을 존중할 때만 가능하다. 우리가 하나님 자리에 서려 해서는 안 된다. 정부의 교육부 관계자라 해서 어린이를 위한 좋은 이야기를 결코 쓸 수 없는 것은 아니다. 세상에 못할 일은 없으니 말이다. 그러나 그럴 가능성은 아주 낮을 것이다.

한번은 내가 호텔 식당에서 "나는 말린 자두라면 질색이야"라고 말했는데, 목소리가 너무 컸던지 다른 식탁에서 여섯 살 난 꼬마의 목소리가 불쑥 날아왔다. "나도 그런데." 즉시 공감대가 형성되었다. 아이에게도 내게도 웃을 일이 아니었다. 웃기에는 말린 자두가 너무 고약하다는 걸 둘 다 알았다. 이것이 독립된 두 인격체인 어른과 아이의 제대로 된 만남이다. 자녀와 부모 또는 학생과 교사라는 훨씬 중요하고 까다로운 관계에 관해서는 내가 할 말이 없다. 그 영역은 한낱 작가의 소관 밖이다. 작가는 하다못해 삼촌도 아니다. 작가는 대등한 시민으로서 집배원이나 정육점 주인, 하물며 옆집 개와도 같다.

Of Other Worlds(다른 세계들에 관하여),
"어린이를 위한 글을 쓰는 세 가지 방법"

아동 특유의 입맛에 맞춰야 한다는 위험한 착각

"어린이는 특이종(distinct race)이다." 얼마 전에 어느 잡지에서 본 문장이다. 오늘날 소위 아동 도서를 쓰는 많은 작가와 아동 도서를 비평하는 더 많은 이들이 그렇게 생각하는 것 같다. 어쨌든 문학 분야에서는 어린이가 별개의 존재로 간주된다. 특이하고 색다르다는 아동 특유의 취향에 부합하는 책을 출간하는 것이 중대한 사업이 되었다.

내가 보기에 이는 사실무근의 이론이다. 우선 아이도 어른만큼이나 유형이 다양하다. 많은 어른이 그렇듯이 아이도 다른 재밋거리가 있으면 결코 책을 읽지 않는 경우가 많다. 앤서니 트롤럽의 책을 선택하는 성인이 있듯이, "생활의 단면"을 잔잔하게 현실적으로 묘사한 *The Daisy Chain*(데이지 체인) 같은 책을 선택하는 아이도 있다.

〈오디세이아〉나 마테오 마리아 보이아르도, 루도비코 아리오스토, 에드먼드 스펜서나 머빈 피크를 좋아하는 성인이 있듯이, 판타지와 신기한 이야기를 좋아하는 아이도 있다. 정보를 주는 도서 말고는 그다지 관심이 없는 아이와 성인도 있고, 이것저것 가리지 않고 닥치는 대로 읽는 아이와 성인도 있다. 또 어리석은 어른이 사회생활의 성공담을 좋아하듯이 어리석은 아이는 학교생활의 성공담을 선호한다.

이렇게 생각해 볼 수도 있다. 일반적으로 많은 아이들이 좋아한다고 알려진 도서 목록을 뽑아 보는 것이다. 《이솝 우화》(Aesop's Fables), 《아라비안 나이트》(The Arabian Nights), 《걸리버 여행기》(Gulliver's Travels), 《로빈슨 크루소》(Robinson Crusoe), 《보물섬》(Treasure Island), 《피터 래빗》(Peter Rabbit), 《버드나무에 부는 바람》 정도면 무난한 선정일 것이다. 이중에 원래 어린이를 대상으로 쓴 것은 맨 뒤 세 권뿐이며, 물론 그 세 권을 즐겨 읽는 어른도 많다. 《아라비안 나이트》의 경우 나는 어릴 때도 읽기 싫었고 지금도 마찬가지다.

물론 반론이 가능하다. 아이들이 일부 성인 대상 도서를 즐긴다 해서 아동 특유의 취향이 있다는 이론이 조금도 논박되지는 않는다는 것이다. 이 주장에 따르면 아이들은 일반 도서 중에서 마침 자신에게 맞는 소수의 책을 고를 뿐이다. 영국에 사는 외국인이 고국의 입맛에 가장 가까운 영국 요리를 고르는 것처럼 말이다. 모험담과 신기한 이야기를 좋아하는 아이들에게서는 아동 특유의 취향이 대체로 일관되게 나타난다는 것이다.

하지만 잘 보면 거기에 이런 의미가 내포되어 있다. 즉 소위 말하는 아동 특유의 취향은 사실 아마도 대부분의 시대와 지역에서 나타난 인류 전반의 취향이었다. 그리스나 노르웨이 신화, 호메로스, 에드먼드 스펜서, 민간전승 등의 이야기를 아이들(물론 모든 아이는 아니다)이 즐겨 읽지만, 한때는 남녀노소 누구나 즐기던 것이었다.

엄밀히 말해서 동화(fairy tale)도 본래는 어린이를 위한 게 아니었다. 동화를 구연하고 즐기던 무대는 (하고많은 곳 중에서) 루이 14세의 왕궁이었다. 톨킨 교수가 지적했듯이 동화는 성인들 사이에서 유행이 지나면서 아이들 방으로 옮겨 갔다. 유행이 지난 가구가 아이들 방으로 옮겨 간 것과 같다. 설령 신기하고 기묘한 이야기를 아이는 모두가 좋아하고 성인은 아무도 좋아하지 않는다 해도(양쪽 다 사실은 그렇지 않지만), 신기하고 기묘한 이야기를 좋아하는 것이 아동 특유의 취향이라고 말해서는 안 된다. 아동만의 특이한 점이 있다면, 그 신기하고 기묘한 이야기를 20세기에도 여전히 좋아한다는 것이다.

"유년기의 인류를 즐겁게 한 것이라면 당연히 유년기의 개인에게도 즐거울 것이다." 내가 보기에 이는 유익한 말이 아니다. 그 말에는 개인과 인류의 유사성이 전제되어 있는데, 그런 유사성을 도출하는 것은 우리의 능력 밖이다. 인류는 대체 지금 몇 살일까? 아이일까, 다 자랐을까, 노년일까? 우리는 인류가 정확히 언제 시작되었는지도 모르고 언제 끝날지도 모른다. 그러니 이런 질문은 부질없다. 인류가 과연 다 자라기는 할지 누가 알겠는가? 인류는 아기로 죽을지도 모른다.

어린이 독자의 특이성은 그들이 특이하지 않다는 데 있다. 그렇게 말하는 게 분명히 덜 거만하고 객관적 증거에도 더 부합할 것이다. 특이한 쪽은 오히려 성인이다. 문학적 취향이 유행을 타는 것은 어른들에게나 일어나는 일이며, 시대마다 무슨 무슨 문학이라는 꼬리표가 붙는다. 아동의 취향은 유행이 고상하다 해서 더 나아질 것도 없고 유행이 삐딱하다 해서 변질될 것도 없다. 아이들은 순전히 재미로 읽기 때문이다. 물론 어린이의 제한된 어휘와 지식으로 이해할 수 없는 책도 있다. 하지만 그 점만 제외하고는 아동의 취향이 곧 인간 보편의 취향이다. 문학의 양식, 운동, 변혁 등과 관계없이 아동의 취향은 시대에 따라 보편적인 어리석음만큼 어리석거나 보편적인 지혜만큼 지혜롭다.

여기서 한 가지 신기한 결과가 나온다. 오늘날의 기성 문단(표준으로 통하는 작풍)은 극도로 고루하고 편협해서, 많은 경우 책을 먼저 아동 대상으로 내놓아야 그나마 출간이 가능하다. 이야기를 쓰려는 이들이라면 이야기에 여전히 관심이 있는 독자에게 호소해야 하지 않겠는가.

오늘날의 문학계는 이야기라는 예술에는 별로 관심이 없고 새로운 기법과 "발상"에 경도되어 있다. 문학적 발상이 아니라 사회적 또는 심리학적 발상이다. 그러면 메리 노튼의 《마루 밑 바로우어즈》(The Borrowers)나 T. H. 화이트의 《마리아의 비밀 정원》(Mistress Masham's Repose)의 토대가 된 (문학적 의미의) 발상은 거의 모든 시대의 "아동 도서"에도 들어설 자리가 없어진다.

그래서 "어린이를 위한 작가"에는 아주 다른 두 부류가 있다. 잘못된 부류는 어린이를 "특이종"으로 본다. 그들은 야만족의 습성을 관찰하는 인류학자처럼 이 신기한 생물의 취향을 신중히 "파악한다." 심지어 이 특이종의 취향을 다시 사회 계층별, 연령대별로 세분하기도 한다. 그리하여 자신은 좋아하지도 않는 내용을 이 특이종이 좋아할 것 같아서 글로 내놓는다. 그러다 보니 상업적 동기는 물론이고 교훈을 주려는 교육적 동기도 끼어들 수 있다.

올바른 부류는 어린이와는 물론이고 수많은 성인과도 공유하는 인간 보편의 공통분모를 토대로 글을 쓴다. "어린이를 위한" 책이라고 굳이 표시하는 이유는 자신이 꼭 쓰고 싶은 책을 받아 줄 시장이 아동 도서 분야뿐이기 때문이다.

Of Other Worlds(다른 세계들에 관하여),
"아동 도서의 취향"

"창작이란 아주 신비로운 일"

편집자가 《사자와 마녀와 옷장》(The Lion, the Witch, and the Wardrobe)을 어떻게 썼느냐고 내게 물었다. 답해 보겠지만, 책을 어떻게 썼는지에 관한 작가들의 말을 다 믿어서는 안 된다. 그들이 거짓말해서가 아니다. 이야기를 쓰는 사람은 이야기 자체에 너무 심취해 있어, 자신이 어떻게 쓰는지를 가만히 물러나 지켜볼 수 없기 때문이다. 그랬다가는 실제로 작업이 중단될 수 있다. 넥타이를 어떻게 매는지를 생각하는 순간 넥타이가 매지지 않는 것과 비슷하다. 또 이야기가 완성되고 나면 작가는 집필 과정이 어땠는지를 이미 대부분 잊어버렸다.

이것만은 확실히 말할 수 있다. 내가 쓴 《나니아 연대기》 시리즈 일곱 편과 공상과학소설 세 권은 모두 머릿속에 떠오른 그림으로 시작되었다. 처음에는 이야기가 아니라 그냥 심상이었다. 《사자와 마녀와 옷장》 전체는 눈 덮인 숲속에서 파우누스가 우산과 소포 꾸러미를 들고 가는 그림 하나에서 출발했다. 열여섯 살 무렵부터 그 심상이 내 머릿속에 있었다. 그러다 마흔 살쯤 된 어느 날 "이걸로 이야기를 써 보자"고 마음먹었다.

이야기가 어떻게 전개될지 처음에는 통 몰랐는데, 갑자기 아슬란〔이 작품에 등장하는 사자-옮긴이〕이 튀어나왔다. 그 즈음 내가 사자 꿈을 숱하게 꾸었던 것 같다. 그게 아니라면 이 사자가 어디서 왜 나타났는지 모를 일이다. 하지만 일단 나타나자 그 사자가 전체 이야기를 끌고 나갔고, 머잖아 《나니아 연대기》의 나머지 여섯 편까지도 그 사자가 끌어들였다.

보다시피 어떤 의미에서 나는 이 이야기가 어떻게 생겨났는지 거의 모른다. 심상이 어디서 왔는지도 모른다. 내 생각에 인간은 자신이 무언가를 어떻게 "지어내는지" 정확히 알 수 없다. 창작이란 아주 신비로운 일이다. 당신이라면 무언가 "생각날" 때 그 생각이 정확히 어떻게 떠올랐는지 다른 사람에게 말해 줄 수 있겠는가?

Of Other Worlds(다른 세계들에 관하여),
"이 모두가 심상으로 시작되었다"

공상과학소설 쓰기

On Writing Science Fiction

공상과학소설과 판타지는 현실 도피인가?

"현실 도피"라는 비판은 일고의 가치도 없습니다. 나는 한 친구의 이 말을 듣고 거기서 영원히 해방되었습니다. "비평가들은 도피의 낌새가 조금만 보여도 아주 예민해진다네. 도피(탈출)에 그토록 신경을 곤두세우는 집단이 누구겠는가? 바로 감옥의 간수일세." 간수 비평가들은 세상을 이념의 감옥에 가두려 합니다. 다른 가능성이 조금만 보여도 자기네 말이 절대적 비중을 잃을 테니까요.

판타지와 공상과학소설(SF소설)은 단연 최고입니다. 우리 시대의 가장 진지한 풍자 일부가 그 속에 들어 있지요. 딜런 토머스와 에즈라 파운드 등 작금의 소위 "진지한" 문학이야말로 사실 가장 경박합니다.

아서 C. 클라크에게 보낸 편지,
1954년 1월 26일, *CL 3*(서한집 3)

색다른 장소를 낭비하지 말라

크리스 네빌의 *She Knew He Was Coming*(그가 올 것을 그녀는 알았다)은 최악의 경우입니다. 감상에 젖은 매음굴과 마음씨 고운 매춘부라는 상투적 주제까지는 신파조라도 그런 대로 봐 줄 만하지만, 장소가 굳이 화성일 이유가 있을까요? 어떤 예술 작품이든 작품 속의 모든 소재는 반드시 그 쓸모에 따라 쓰여야 합니다. 교향곡에 어떤 주제를 도입했으면 그 주제로 무언가를 이루어 내야 하고, 시를 특정한 운율로 쓸 거면 그 운율만의 고유한 특성을 살려야 하며, 역사 소설을 쓰려면 그 시대가 취지에 반드시 부합해야 합니다.

어떤 요소든 작품에 이롭지 못하면 오히려 해롭습니다. 그런 식으로 낭비할 여유가 없어요(잘 그린 수묵화에서 여백은 선만큼이나 전체 구도에 꼭 필요하지요. 여백이 그냥 백지인 경우는 어린아이의 그림뿐입니다). "화성만의 특성"이 속속들이 사용될 게 아니라면 화성을 이야기의 무대로 삼을 구실이 없지 않습니까?

아서 C. 클라크에게 보낸 편지,
1954년 1월 20일, *CL 3*(서한집 3)

공상과학소설을 쓰는 어린 신진 작가에게 건네는 조언

결례가 되지 않기를 바라며, 앞으로 제인 양이 피할 만한 실수 몇 가지를 이야기하려 합니다(물론 나의 사견일 뿐입니다).

1. 독자를 다른 세계로 데려가는 모든 이야기에서 어려운 부분은 (제인 양도 나도 알다시피) 그곳에 도착한 후에 벌어질 일입니다. 실제로 "채워 넣을" 내용이 필요하지요. 제인 양의 경우는 양적으로는 (거의 과하다시피) 충분한데 내용이 어긋나 보입니다. 이 모든 경제 문제와 종교 차이는 우리 세계의 정치와 너무 비슷하지 않은가요? 그거라면 이미 우리에게 있는데, 왜 굳이 요정의 나라로 가나요?

요정 나라의 전쟁이라면 당연히 미모의 왕비나 마법의 보물을 차지하기 위한 고상하고 저돌적이고 용맹스럽고 꿈결 같은 전쟁이어야 하지 않을까요? 외교 분야를 묘사할 때도 (제인 양이 보여 준 대로 우리의 회담만큼이나 따분한) 회담으로 할 게 아니라, 위대한 용사들이 교전하기 전에 손에 검을 들고 우렁찬 목소리로 주고받는 호쾌한 조소나 신랄한 도발 또는 허황한 아량으로 해야 하지 않을까요?

2. 방금 한 말과 밀접한 관계가 있는데, 판타지에서는 마법이 풀리지 않도록 만전을 기해야 합니다. 독자를 깨워 갑자기 현실 세계로 돌아오게 해서는 안 됩니다. 그런데 제인 양의 소설에서 그게 종종 눈에 띕니다. 그들이 타고 여행하는 이동 수단은 기껏해야 따분한 장치입니다. 기계로밖에 보이지 않으니까요. 거기에 푹신한 좌석과 화장실, 식당까지 더해져, 나로서는 단 한시도 요정의 나라로 느껴지지 않습니다. 그저 평범한 기술을 호화판으로 바꾸어 놓았을 뿐이지요!

마찬가지로 심지어 절반만 요정인 존재도 새 잠옷을 가득 넣은 가방을 들고 요정의 산을 올라서는 안 됩니다. 그렇게 현실과 겹치는 순간 마법은 다 죽습니다 (런던의 속옷만큼 좋은 속옷을 요정들 스스로 만들 수 없다는 대목도 마법을 깨기는 마찬가지입니다. 파리라고 했어도 신통치 않을 텐데 하고많은 곳 중에서 런던이라니요).

3. 독자에게 바라는 감정을 형용사나 부사를 써서 호소하지 마세요. 독자의 감정은 작가인 제인 양이 시키는 대로 되는 게 아니에요. 제인 양이 독자가 몸소 그렇게 느끼게끔 해 주어야 합니다. "신나는" 전투였다고 말해 봐야 소용없어요. 그 형용사는 제인 양이 독자를

신나게 하는 데 성공한다면 필요가 없고 실패한다면 쓸모가 없습니다. 보석이 "애잔하게" 반짝였다고 말하지 말고 독자에게 애잔한 감정이 들게 해야 합니다. 이 말은 아무리 강조해도 지나치지 않을 만큼 중요합니다.

4. 제인 양은 발음하기도 좋지 않은 "dignifiedly"(위엄차게) 같은 긴 부사를 너무 좋아하더군요. 그래서 말인데 부디 눈으로 쓰지 말고 늘 귀로 쓰기를 바랍니다. 모든 문장을 혀로 시험해서 소리가 의미에 걸맞게 딱딱하거나 부드러운지, 빠르거나 느긋한지 확인해야 합니다.

5. 부디 옷에 대한 묘사를 확 줄여요! 평범한 옷 말입니다. 요정에게 신기하고 미려한 옷을 입혀 놓고 그것을 묘사한다면 그나마 말거리가 될지 모르지만, 주인공의 치마가 진한 오렌지색이라니요! 누구에게 쓰는 건가요? 남자는 아무도 요정의 옷차림에 관심이 없고, 옷차림에 관심이 많은 여자는 대개 판타지 작품을 읽지 않습니다. 행여 책을 읽더라도 아마 여성지일 것입니다. 덧붙이자면 이런 것들은 제인 양의 사고와 상상력에 악영향을 미칩니다. 제인 양의 재능마저 죽일 수 있으니 조심해야 합니다!

유혹에 굴한 뒤에라도 번번이 그것을 떨칠 수 없겠거

든 〈오디세이아〉나 톨킨의 《반지의 제왕》, E. R. 에디슨의 *The Worm Ouroboros*(뱀 아우로보로스), 또는 제임스 스티븐스의 모험담, 윌리엄 버틀러 예이츠 초기의 모든 신화적 희곡 등을 (다시) 읽어 제인 양의 상상력을 잘 세정하십시오. 로드 던세이니를 접하는 것도 좋겠군요.

6. 등장인물의 이름들이 썩 좋지 않습니다. 이름은 신기한 만큼이나 아름답고 함축적이어야 합니다. 이나즈(Enaj)처럼 특이하기만 해서는 안 됩니다. 꼭 새뮤얼 버틀러의 《에레혼》(Erewhon)에서 따온 것 같잖아요〔각각 Jane(제인)과 Nowhere(없는 곳)를 거꾸로 써서 만든 단어 ― 옮긴이〕.

7. 지금까지 내가 한 말이 제인 양을 화나게 하지 않았으면 좋겠습니다. 나쁜 조언을 수없이 듣게 될 테니 내 나름의 좋은 말을 해 줘야겠다고 생각했습니다.

제인 개스켈에게 보낸 편지,
1957년 9월 2일, *CL 3*(서한집 3)

공상과학소설의
좋은 유형과 나쁜 유형

우리가 평생 알던 마을이나 소읍이 살인 사건이나 소설 또는 100주년 기념의 무대가 되는 바람에 지명이 널리 알려져 몇 달 내내 군중이 몰려들 때가 있다. 개인의 여가 생활에도 비슷한 일이 벌어진다. 나는 예전부터 걸어 다니기를 좋아했고 앤서니 트롤럽의 소설을 읽었는데, 어느 날 갑자기 (뒤에서 덮치는 파도처럼) 트롤럽 붐이 이는가 하면 한동안 걷기 열풍마저 불었다. 근래에도 비슷한 일을 또 겪었다.

어려서부터 나는 온갖 종류의 판타지 소설을 즐겨 읽었으며, 거기에는 허버트 조지 웰스의 《타임머신》(*Time Machine*)과 《달의 첫 방문자》(*First Men in the Moon*) 같은 특별한 유형의 작품들도 있었다. 그런데 15-20년 전부터 판타지 소설 간행이 급증하더니 미국에서는 이 장르만 취급하는 전문 잡지까지 생겨났다. 아직은 대개 수준 미달이었고, 발상은 좋은데 전개가 미숙할 때도 있었다. (처음에 "scientifiction"이었다가 "science fiction"으로 바뀐) 공상과학소설이라는 명칭이 보편화된 것도 그즈음이다.

그렇게 계속 양적으로 증가하다가 5-6년 전부터 질적으로도 향상되었다. 아주 형편없는 작품이 주를 이루는 거야 여전하지만, 좋은 작품이 더 좋아지고 더 많아진 것이다. 그때부터 이 장르는 문학 주간지들의 관심을 끌었는데, 그 관심이라는 게 내가 보기에 늘 경멸이었다. 사실 공상과학소설의 역사에는 이중의 역설이 있다. 인기를 누릴 만한 실력이 가장 부족할 때는 인기를 끌더니, 정작 완전히 경멸할 만한 수준에서 벗어나자 즉시 평단의 경멸이 쏟아져 나왔다.

이 주제와 관련하여 내가 읽은 평론 중에는(내가 놓친 것도 많겠지만) 도무지 건질 만한 게 없다. 우선 잘 모르는 상태에서 쓴 비평이 대부분이고, 또 이 장르를 확연히 싫어하는 이들이 쓴 비평이 많다. 자신이 싫어하는 분야를 주제로 글을 쓰는 것은 위험한 일이다. 증오는 모든 구별을 모호하게 만든다. 나는 탐정 소설을 좋아하지 않으므로 내게는 모든 탐정 소설이 비슷비슷해 보인다. 따라서 내가 그 주제로 글을 쓴다면 틀림없이 허튼소리를 쏠 수밖에 없다.

물론 장르 비평까지 마다할 수는 없다. 이는 작품 비평과는 다르다. 공상과학소설의 한 하위 장르를 나도 어쩔 수 없이 비판할 것이다. 하지만 내 생각에 이는 가장 주관적이고 가장 신빙성이 떨어지는 비평이다. 무엇보다 그것을 개별 작품에 대한 비평으로 위장해서는 안 된다. 많은 비평이 쓸모없는 이유는 말로는 책을 비판한다면서 사실은 해당 장르에 대한 비평가의 반감만 드러내기 때문이다.

형편없는 비극은 비극을 애독하는 이들이 비판해야 하고, 형편없는 탐정 소설은 탐정 소설을 애독하는 이들이 비판해야 한다. 그래야 각각의 진짜 결점을 알 수 있다. 그렇지 않으면 서사시를 소설이 아니라고 비판하고, 소극(笑劇)을 고급 희극이 아니라고 비판하고, 헨리 제임스 소설의 전개가 토비아스 스몰렛만큼 신속하지 못하다고 비판하는 수준을 면할 수 없다. 술을 입에도 안 대는 사람이 고급 포도주를 혹평하거나 여성을 지독하게 혐오하는 사람이 특정 여자를 혹평한다면, 그런 말을 듣고 싶어 할 사람이 누가 있겠는가? ······

지금부터 공상과학소설 장르를 하위 장르로 구분하려 한다. 우선 내가 보기에 지독히 형편없는 하위 장르부터 시작한다. 그것을 우리 앞에서 치우기 위해서다.

이 하위 장르의 작가는 행성이나 항성, 심지어 은하 간의 이동이 일상화된 가상의 미래로 도약한다. 그런데 그 어마어마한 배경을 무대로 막상 전개되는 것은 평범한 사랑이나 첩보, 재난, 범죄 이야기다. 내게는 이것들이 참 무미건조해 보인다. 예술 작품에서 뭐든 쓸모에 따라 쓰이지 않는 것은 해롭다. 공상하는 장면과 소재가 허술하거나 때로 아예 모순된다면, 그 공상은 참주제를 흐려 놓고 우리를 작품의 관심사에서 멀어지게 할 뿐이다.

이런 이야기의 작가는 일종의 난민이라 할 수 있다. 공상과학소설을 쓸 마음이 전혀 없는데 장르의 인기에 편승하여 평소의 작품에 공상과학 성격을 살짝 입히는 상업 작가 말이다.

하지만 구분이 필요하다. 가상의 모든 변화를 전제로 즉시 미래로 도약하는 것까지는 정당한 "장치"다. 이로써 작가가 다른 방법으로는 (그토록 경제성 있게) 전개하지 못할, 정말 가치 있는 이야기를 할 수 있다면 말이다. …… 얼른 떠오르는 예로 《멋진 신세계》(Brave New World)와 《1984》(Nineteen Eighty-Four)가 있다. 나는 이런 "장치"에 전혀 반감이 없으며, 이를 활용하는 책을 "소설"로 볼 수 있는지를 두고 누구처럼 논박하는 것도 무의미해 보인다. 그거야 순전히 정의하기 나름이다. 소설을 정의할 때 그런 책을 포괄할 수도 있고 배제할 수도 있다. 가장 유용한 정의가 최상의 정의다. 물론 한쪽으로 《파도》(The Waves)나 반대쪽으로 《멋진 신세계》를 배제할 목적으로 소설을 정의해 놓고서 그 둘을 소설 축에 들지 못한다고 비난한다면, 이는 어리석은 짓이다.

그런 점에서 내가 비판하는 책은 현재와는 판이한 미래를 가정하는 모든 책이 아니라, 그렇게 가정할 만한 이유가 없는 책이다. 그 정도의 플롯과 갈망이라면 이곳에도 많은데, 굳이 그것을 찾아 천년 세월을 뛰어넘으니 말이다.

그 하위 장르를 비판했으니 이제 즐거이 다음으로 넘어간다. 이쪽은 전혀 내 취향이 아니지만 내가 보기에 정당한 하위 장르다. 전자가 난민의 소설이라면 이번엔 과학자의 소설이라 할 수 있다. 작가의 주요 관심사는 우주여행 등의 미래 기술이 실제 우주에서 실현될 가능성에 있다. 그래서 그들은 미래가 어떻게 될지를 추측해서 공상 형태로 제시한다.

쥘 베른의 《해저 2만 리》(Twenty Thousand Leagues Under the Sea)와 허버트 조지 웰스의 *Land Ironclads*(철갑 상륙함)가 한때 이 장르의 대표작이었으나, 진짜 잠수함과 진짜 탱크가 출현하면서 두 작품의 첫 감흥이 약해졌다.

아서 클라크의 *Prelude to Space*(우주 서곡)도 예로 들 수 있다. 나는 과학에 문외한이라서 이런 이야기를 기계공학적 측면에서 비평할 수 없고, 이야기가 예견하는 프로젝트에 전혀 공감하지 못하다 보니 이야기로서도 비평할 수 없다. 반전주의자가 *The Battle of Maldon*(몰던 전투)과 *Lepanto*(레판토 해전)에, 귀족 정치를 혐오하는 사람이 *Arcadia*(아케이디아)에 매력을 느끼지 못하는 것만큼이나, 나 역시 이 장르의 매력을 모르겠다. 하지만 내 공감 부족은 비평을 아예 삼가라는 경고등일 뿐 결코 그 이상은 아니다. 잘은 몰라도 이 또한 나름대로 아주 좋은 이야기일 수 있다.

과학자의 소설에서 세 번째 하위 장르를 구분해 내면 유익하다. 이 장르도 어떤 의미에서 과학에 관심은 있으나 추상적 생각에 그친다. 인류가 경험하지 못한 장소나 환경의 개연성을 과학에서 배우노라면, 누구나 상상의 날개를 펴 보는 게 인지상정이다. 고배율 망원경으로 달을 보는 사람치고 저 혼잡한 우주의 흑암 속에서 저 둔덕 사이를 걸으면 어떨지 궁금하지도 않을 만큼 무딘 목석이 있을까?

과학자들도 순전히 수학적인 진술로만 끝내기는 어렵다. 관찰한 사실이 관찰자의 오감에 미칠 영향까지 기술할 수밖에 없다. 관찰자의 감각 경험에 감정과 생각까지 더해서 길이를 늘이면, 그것이 바로 공상과학소설의 초보 단계다.

물론 인류는 예로부터 그 일을 해 왔다. 살아서 갈 수 있다면 저승(Hades)은 어떤 곳일까? 호메로스가 오디세우스를 그곳에 보내 답해 준다. 지구 정반대편은 어떤 곳일까?(인류가 열대 지방은 영영 갈 수 없을 거라고 믿었던 시절에는 이것도 비슷한 질문이었다) 이에 단테가 독자를 거기로 데려간다. 그런 특수한 위치에서 태양을 보면 얼마나 놀라울지를 그는 먼 훗날 출현할 공상과학 소설가처럼 열성을 다해 묘사한다. 아예 지구 내핵에 도달할 수 있다면 어떨까? 역시 단테가 〈신곡: 지옥편〉(The Divine Comedy: The Inferno) 끝부분에서 알려 준다. 작중의 단테와 베르길리우스는 루시퍼의 어깨에서 허리까지는 아래로 내려갔지만, 허리에서 다리까지는 위로 올라가야 한다. 물론 중력의 구심점을 통과했기 때문이다. 공상과학소설의 요소로 손색없다.

또 아타나시우스 키르허는 Iter Extaticum Celeste(황홀한 천체 여행, 1656년작)에서 우리를 모든 행성과 대부분의 별로 데려가, 이런 여행이 가능할 경우 우리가 실제로 보고 느낄 세계를 최대한 생생히 보여 준다. 단테처럼 그도 초자연적 이동 수단을 활용한다.

웰스의 《달의 첫 방문자》에 나오는 이동 수단은 평범해 보이는데도, 그 소설이 과학자의 소설과 구분되어 이 하위 장르에 속하는 이유는 웰스가 카보라이트(cavorite)라는 가상의 반중력(反重力) 물질을 설정했기 때문이다. 물론 이런 가상성은 단점이기보다 장점이다. 웰스 정도의 창의력이라면 얼마든지 더 개연성 있게 구상할 수도 있었다.

그러나 이 경우 개연성이 높을수록 작품은 안 좋아진다. 그러면 달에 실제로 도달할 가능성에 대한 호기심만 불러일으킬 텐데, 이는 그 소설의 취지에 어긋난다. 주인공이 달에 어떻게 갔든 그건 상관없다. 우리는 그곳의 삶이 어떨지를 단지 상상할 뿐이다. 처음 베일을 벗는 진공 천체의 모습, 달의 풍경, 달의 변덕, 절대 고독, 커져 가는 공포, 마침내 위압하듯 밀려오는 달의 밤. 웰스의 이야기(특히 본래의 더 짧은 형태)는 바로 이런 것들을 위해 존재한다.

어떻게 이 장르를 폄하하거나 경멸할 수 있는지 나로서는 이해하기 힘들다. 이 장르를 소설로 간주하지 않으면 물론 편할 것이다. 원한다면 아주 특수한 형태의 소설이라 칭해도 좋다. 어쨌든 결론은 똑같다. 이 장르를 시험할 때는 장르 자체의 기준으로 해야 한다. 비판하는 이유가 등장인물의 성격이 대개 깊거나 섬세하지 못해서라면 말이 안 된다. 이 장르에는 그런 성격이 필요 없을뿐더러 오히려 흠이 된다.

First Men in the Moon(달의 첫 방문자)에서 케이버와 베드포드의 성격은 필요 이상으로 도드라진다. 훌륭한 작가라면 누구나 알듯이 이야기의 장면과 사건이 특이할수록 인물은 더 튀지 않고 평범하고 전형적이어야 한다. 그래서 걸리버는 평범한 남자고 앨리스는 평범한 소녀다. 그들이 더 비범했다면 책을 망쳤을 것이다. 새뮤얼 테일러 콜리지가 쓴 시에 나오는 늙은 수부(水夫)도 지극히 평범한 사람이다. 특이한 사람에게 특이한 일이 닥쳤다고 말하면 특이성이 너무 많아진다. 이상한 광경을 목격할 인물이라면 본인은 이상해서는 안 되고 최대한 보통 사람이어야 한다.

물론 평범하거나 전형적인 인물의 성격을 개연성이나 현실성이 떨어지는 성격과 혼동해서는 안 된다. 억지로 꾸

머낸 인물은 늘 이야기를 망친다. 그러나 인물을 얼마든지 축소하거나 단순화해도 결과는 충분히 만족스러울 수 있다. 훌륭한 담시(譚詩; ballad)가 좋은 예다.

물론 인간의 복잡한 성격을 꼼꼼히 분석한 책 외에는 세상 무엇에도 관심이 없는 독자가 있을 수 있다(실제로 있는 것 같다). 그런 사람은 인물 성격 분석이 요구되지 않거나 분석할 여지가 없는 책은 굳이 읽지 않아도 된다. 그런 책을 비판할 이유도 없고 숫제 거론할 자격도 없다. 풍속 소설의 기준은 그 분야에나 해당할 뿐이지, 이를 모든 문학의 잣대로 삼아서는 안 된다. 알렉산더 포프가 인간의 정당한 연구 대상을 규정했거니와 우리는 그가 세운 원칙에 따라서는 안 된다. 인간의 정당한 연구 대상은 모든 것이고, 예술가의 정당한 연구 대상은 상상과 갈망을 불러일으키는 모든 것이다. ……

그다음 하위 장르는 종말론적이라 할 수 있다. 주제가 미래이기는 한데 방식이 《멋진 신세계》나 *The Sleeper Awakes*(잠에서 깬 사람)와는 다르다. 정치적이거나 사회적인 그 두 책과는 달리, 이 장르는 인류의 최종 운명에 대한 사유에 상상의 날개를 달아 준다. 허버트 조지 웰스의 《타임머신》, 올라프 스테이플던의 《최후 인류가 최초 인류에게》(*Last and First Men*), 아서 클라크의 《유년기의 끝》(*Childhood's End*)이 좋은 예다. 이쯤 되면 소설과는 완전히 구별되는 공상과학소설의 정의가 요긴해진다.

《최후 인류가 최초 인류에게》의 형식은 전혀 소설이 아니고, 유사(類似) 역사라는 정말 새로운 형식이다. 진행 속도, 광범위한 개괄적 전개, 어조 등이 전부 소설가가 아니라 역사가의 것이다. 주제에 잘 맞는 형식이다. 이왕 소설에서 아주 멀리 갈라져 나왔으니, 아예 이야기가 아닌데도 내가 이 하위 장르에 즐거이 넣고 싶은 작품이 있다. 바로 제프리 데니스의 *The End of the World*(세상의 끝; 1930년작)이다. J. B. S. 홀데인의 *Possible Worlds*(가능한 세계들; 1927년작) 중에서 "최후의 심판"이라는 탁월한 논문도 비록 내가 보기에 내용은 타락했지만 분명히 여기에 속한다. ……

드디어 내가 크게 흥미를 느끼는 유일한 하위 장르로 넘어간다. 여기에 가장 잘 접근하려면 상기해야 할 게 있는데, 지금껏 내가 읽은 이 주제를 다룬 모든 작가는 그 점을 완전히 간과한다. 단연 최고의 미국 잡지는 제목도 의미심장하게 *Fantasy and Science Fiction*(판타지와 공상과학소설)이다. (동종의 많은 간행물처럼) 이 잡지에도 우주여행 이야기는 물론이고 신과 유령, 악귀, 귀신, 요정, 괴물 등에 대한 이야기가 수록된다. 거기에 바로 이 장르의 단서가 숨어 있다.

공상과학소설의 마지막 하위 장르는 단순히 인류만큼이나 오래된 상상력의 산물인데, 다만 우리 시대의 특수한 조건하에서 글을 쓴다는 점만 다르다. 현실 세계에서 얻지 못할 아름다움이나 외경, 공포를 찾아 낯선 곳으로 가려는 이들이 점점 더 다른 행성이나 별로 끌리는 이유를 어렵지 않게 알 수 있다. 지리에 대한 지식이 증가해서다. 현실 세계를 잘 모를수록, 신기한 이야기의 무대는 가까운 곳일 소지가 크다. 지식의 범위가 확장되면 더 멀리 나가야 한다. 신축 주택단지가 밀고 들어올수록 자꾸 더 시골로 이사해야 하는 이들과 같다.

그래서 숲속 마을 농부들의 구전 이야기를 모은 그림 형제의 동화집에서는 한 시간만 걸어가면 마녀나 도깨비가 사는 다른 숲에 들어선다. …… 18세기부터는 시골을 완전히 벗어나야 해서 로버트 팔톡과 조너선 스위프트는 먼 바다로, 볼테르는 미국으로 우리를 데려간다. 헨리 라이더 해거드는 아프리카나 티베트의 미개척지로, 에드워드 불워 리턴은 지구의 심층부로 가야 했다. 그러니 이런 이야기가 조만간 지구를 완전히 벗어나야 하리라는 건 어쩌면 예견된 일이었다. ……

이런 이야기에 등장하는 유사 과학 기구는 신고전주의 비평가들이 말하는 의미의 "장치"로만 읽혀야 한다. 개연성은 최소한에 그쳐도 충분하다. 완전히 황당무계해 보이지만 않으면 된다. 나는 공공연한 초자연적 방법이 최고라고 생각하는 쪽이다. 내 소설에서 주인공을 우주선에 태워

화성으로 보낸 적이 있는데, 나중에 더 잘 알고 나서는 그를 금성으로 옮기는 일을 천사에게 맡겼다.

또 우리가 도달하는 낯선 세계는 과학적 개연성에 구애받을 필요도 전혀 없다. 중요한 것은 그곳의 경이로움이나 아름다움, 매력이다. 화성의 운하를 설정할 때 나는 그것이 고성능 망원경 덕분에 오랜 착시 현상으로 밝혀졌음을 이미 알았다. 중요한 것은 운하가 이미 대중의 머릿속에 화성 신화의 일부로 존재한다는 점이다. ……

이 모두에서 가상성은 앞서 말했듯이 필요조건이다. 그게 전제되어야 이야기가 진행될 수 있다. 그 틀 안에서 우리는 이미 알려진 세계에 살며, 다른 누구 못지않게 현실적이다. 그런데 (마지막으로 다룰) 다음 유형에서는 신기한 속성이 작품 전체를 지배한다. 철두철미 다른 세계다. 물론 이 세계가 가치 있는 이유는 《허풍선이 남작의 모험》(Baron Munchausen)이나 아리오스토와 보이아르도의 일부 작품에서처럼 웃기기 위해서든, 《아라비안 나이트》 최악의 부분이나 일부 동화에서처럼 순전히 놀래 주기 위해서든, 그저 신기한 요소를 잔뜩 모아 놓아서가 아니라, 그 세계의 특성과 정취 때문이다.

좋은 소설이 삶에 관한 논평이라면, (훨씬 더 희귀한) 이 유형의 좋은 이야기는 실제로 삶을 넓혀 준다. 어떤 희귀한 꿈처럼 이전에 몰랐던 감각을 일깨워 주고, 흔히 생각하는 가능한 경험의 범위도 넓혀 준다. 그래서 "실생활"에서 벗어나지 않으려는 이들과는 이런 작품을 논하기 어렵다.

그들이 말하는 실생활이란 판에 박힌 삶이다. 가능한 경험의 범위가 실제로 훨씬 넓은데도 대개 우리의 오감과 생물학적, 사회적, 경제적 관심사는 우리를 판에 박힌 삶에 가둔다. 그러면 그 삶을 제외한 나머지는 지독히 따분해 보이거나 역겹도록 괴상해 보일 수밖에 없다. 그리하여 그들은 몸서리치며 현실에 안주한다.

이 유형의 최고 대표작은 결코 흔하지 않다. 그중에서 내가 꼽고 싶은 작품은 〈오디세이아〉의 일부, *Hymn to Aphrodite*(아프로디테 찬가), 엘리아스 뢴로트의 〈칼레발라〉(Kalevala)와 에드먼드 스펜서의 〈선녀여왕〉(The Faerie Queene) 대부분, 토머스 맬러리의 작품 중 일부(최고작은 모두 제외), …… 노발리스의 《푸른 꽃》(Heinrich von Ofterdingen) 일부, 새뮤얼 테일러 콜리지의 〈노수부의 노래〉(The Rime of the Ancient Mariner)와 *Christabel*(크리스타벨), 윌리엄 벡퍼드의 《바테크》(Vathek)다.

또 윌리엄 모리스의 *Jason*(제이슨)과 *Earthly Paradise*(지상 낙원)의 프롤로그(나머지 부분은 제외), 조지 맥도널드의 *Phantastes*(판타스테스)와 *Lilith*(릴리스)와 *The Golden Key*(황금 열쇠), E. R. 에디슨의 *The Worm Ouroboros*(뱀 아우로보로스), J. R. R. 톨킨의 《반지의 제왕》, 거부할 수 없는 치명적인 매혹으로 압도하는 작품인 데이비드 린지의《아르크투루스로의 여행》(A Voyage to Arcturus)도 여기 해당된다.

머빈 피크의 *Titus Groan*(타이터스 그론)도 있고, 레이 브래드버리의 일부 소설도 이 반열에 들 만하다. 윌리엄 호프 호지슨의 *The Night Land*(밤의 대지)는 생뚱맞은 감상적 선정주의와 무모하고 지루한 의고체로 훼손되지만 않았다면, 인상적으로 그려 낸 음산한 광휘가 돋보여 이 목록에 올랐을 것이다(의고체라 해서 무조건 다 무모하다는 말은 아니며, 의고체를 혐오하는 현대 풍조를 설득력 있게 옹호하는 말을 들어 본 적도 없다. 의고체 덕분에 독자에게 머나먼 세계에 들어선 느낌이 제대로 든다면 그 자체로 정당하다. 언어학적 기준으로 올바른지 여부는 별로 중요하지 않다).

이런 이야기가 줄 수 있는 통쾌하고 장엄하고 오래 남는 즐거움을 여태껏 속 시원히 설명한 사람이 있었는지 잘 모르겠다. 카를 융이 가장 근처에까지 갔지만, 내가 보기에 그가 내놓은 설명은 또 하나의 신화로서 우리에게 주는 영향이 나머지 모든 신화와 똑같다. 물에 젖은 상태로 어찌 물을 제대로 분석할 수 있겠는가? 융도 못 한 일을 내가 시도할 마음은 없다. 다만 지적하고 싶은, 간과되는 사실이 있다. 신화 창작에 대한 일부 독자의 반감이 놀랍도록 격하다는 것이다.

내가 이것을 처음 깨달은 것은 우연이었다. 어느 부인

이 자주 말하기를, 사는 게 다 우울하고 즐거움도 못 느끼겠고 자신의 정신세계가 메마르다고 토로했다(그녀의 직업이 융 계열 심리학자라서 사연이 더 흥미롭다). 무심코 내가 "혹시 판타지 문학과 동화를 좋아하시나요?"라고 물었더니 그녀는 목소리까지 변하면서 "딱 질색이에요"라고 말했다. 그녀의 굳어진 근육, 꽉 움켜쥔 손, 소름끼친다는 듯한 눈빛을 잊을 수 없다. 분명히 이 정도면 비판적 견해를 넘어선 공포증에 가깝다. 그만큼 격하지는 않더라도 다른 데서도 나는 그런 기류를 보았다. 반면에 내 경험으로 보아 신화 창작에 우호적인 이들은 거의가 똑같이 격하게 우호적이다.

두 현상을 종합해 볼 때 이것이 사소한 문제라는 이론은 최소한 폐기되어야 한다. 양쪽 반응으로 보아 신화 창작이라는 유형의 상상은 좋든 나쁘든 우리에게 깊은 영향을 미친다. 한쪽은 거의 강박적 욕구에 떠밀려 그런 책을 찾아 읽는 것 같은데, 반대쪽은 거기서 무엇을 만날지 두려워하는 것 같다. 물론 막연히 내 느낌일 뿐이다.

내가 훨씬 더 확신하는 것은 앞서 제안한 조건부 비평이다. 자신이 좋아하지 않는 분야를 비평할 때는 각별히 조심해야 하고, 무엇보다 자신이 질색하는 분야라면 아예 비평하지 말아야 한다.

나도 여기서 내 패를 다 내보이겠다. 오래전에 깨달은 나만의 공포증이 있다. 나는 문학에서 이것만은 질색이고 못내 불편하다. 바로 두 어린아이 사이의 연애 비슷한 감정 묘사다. 나로서는 황당하고 메스껍다. 물론 그렇다고 내게 질색인 그 주제가 나오는 책을 내가 신랄하게 혹평해도 된다고 생각하지는 않는다. 오히려 아예 비판하지 말아야 할 경고로 삼을 뿐이다.

내 반응이 불합리하기 때문이다. 아이끼리의 연애도 분명히 실생활에서 있는 일인 만큼 이를 문학에 담아내지 못할 이유는 없다. 그것이 내 유년기의 트라우마가 남긴 흉터를 건드린다면 그거야 내 불운이다.

비평가가 되려는 모든 이에게 감히 조언하거니와 당신도 똑같은 원칙을 정해 두라. 당신이 특정 부류의 모든 책이나 특정한 상황에 격하다 못해 혐오하는 반응을 보인다면, 이는 위험 신호다. 확신하건대 부정적 비평을 잘하는 것이야말로 우리가 해야 할 가장 어려운 일이다.

가장 유리한 조건에서 시작하라고 모두에게 권하고 싶다. 즉 작가가 하려는 말을 당신이 속속들이 알고 진심으로 좋아하는 데다가 그 작가의 좋은 작품을 다수 즐겨 읽은 상태에서 비평하라는 것이다. 그러면 작가의 실수를 제대로 지적하고 어쩌면 실수한 이유까지도 밝힐 수 있다.

그러나 정말 "으악! 나는 이런 책은 질색이야"라고 반응한다면 책의 진짜 결점을 진단할 수 없다. 자신의 감정을 숨기려 애쓸지 몰라도 결국 우리는 분석일랑 제쳐 두고 "난잡하다", "경박하다", "사이비 같다", "엉성하다", "선부르다" 따위의 감정적 상투어만 뒤죽박죽 늘어놓을 것이다. 뭐가 문제인지 제대로 알면 이런 단어가 하나도 필요치 않다.

Of Other Worlds(다른 세계들에 관하여),
"공상과학소설"

기독교적 글쓰기

On Christian Writing

때로 신앙은 빤히 드러나기보다
글 속에 잠복해 있어야 한다

기독교 작가의 직무를 잘못 알고 계신 것 같습니다. 우리는 자신에게 없는 재능으로 일할 게 아니라 있는 재능을 구사해야 합니다. 물론 정욕이나 교만이나 야욕에 영합하는 글을 써서는 안 됩니다. 하지만 그렇다고 확연히 도덕적이거나 신학적인 글만 써야 하는 것도 아닙니다. 사실 기독교가 드러나지 않게 숨어 있는 작품도 명백한 종교적 작품 못지않게 유익할 수 있으며, 오히려 후자를 기피하는 독자에게 다가가기에 좋습니다.

이야기를 쓰려면 우선 좋은 이야기여야 합니다. 우리 주님께서 목공소에서 만드신 수레바퀴는 분명히 우선 좋은 수레바퀴였습니다. 기독교적 요소를 확실히 "넣으려고" 애쓰지 마십시오. 당신이 그런 식으로 하나님을 섬기는 게 그분 뜻이라면(그러는 것이 그분 뜻이 아닐 수도 있습니다. 다른 소명도 많으니까요) 저절로 그렇게 될 것입니다. 그게 아니라면 순수한 즐거움을 주는 좋은 이야기는 그 자체로 좋습니다. 영양가 있는 좋은 식사를 요리하는 것과 같지요(가족들이 먹을 수프에 성경 구절을 넣을 리 없잖습니까).

내가 쓴 소설 가운데 기독교적 메시지로 시작한 것은 하나도 없습니다. 떠다니는 섬, 우산을 든 눈 덮인 숲속의 파우누스, "다친" 사람의 머리 등 늘 어떤 떠오른 이미지로 시작되지요. 물론 내 논픽션 작품은 다르지만, 그게 잘 써지는 이유는 내가 전문 교사라서 마침 설명하는 법을 익혔기 때문입니다.

자기답게 사는 게 중요합니다. 즉 (먼저 "주어진 본분"을 다하는 것 다음으로) 타고난 소질에 맞는 일을 잘하는 것이지요. 이야기를 쓰든 신발을 만들든 토끼장을 짓든 성실하게만 하면 무슨 일이든 하나님의 영광을 위해 할 수 있습니다.

신시아 도널리에게 보낸 편지,
1954년 8월 14일, *CL 3*(서한집 3)

올바른 질문

기독교 작가가 …… 기존 형식대로 인간 보편의 경험을 다루어 좋은 작품을 쓸 재능이 있다면, 그렇게 해야 한다. …… "자기 방식대로"만 사명에 충실하려 하면 작가의 논거가 강해지지 않고 오히려 약해진다. 모든 발상과 기법에 대해 늘 "이것은 내 것인가?"를 물을 게 아니라 "이것은 선한가?"를 물어야 한다.

《기독교적 숙고》(*Christian Reflections*),
"기독교와 문학"

생각이 명료해야 글도 명료해진다

자신의 신학을 전부 일상어로 옮겨야 한다. 아주 번거로운 데다 30분 후면 할 말이 떨어지겠지만, 그래도 꼭 필요한 일이다. 자신의 생각에도 더할 나위 없이 도움이 된다. 확신하건대 누구나 이해할 수 있는 말로 당신의 생각을 옮길 수 없다면, 당신의 생각이 혼미해서 그런 것이다. 자신이 정말 알고서 하는 말인지 시험하려면, 그렇게 옮길 수 있어야 한다.

《피고석의 하나님》(*God in the Dock*),
"기독교 변증론"

설득력 있게 쓰기

On Writing Persuasively

조지프 애디슨이 상대를 무력화하는 방법

애디슨과 토리당의 차이는 원수를 대하는 방식에서 특히 극명하게 드러난다.

토리당은 모든 원수를 괴상하게 본다. 상대가 말버러 공작부인이든 그저 영문학 지식이 부족한 셰익스피어 편집자든 크게 다르지 않다. 어떤 식으로든 토리당 눈 밖에 나면 누구나 다 악당, 거지, 매춘부, 버러지, 꼴불견, 미치광이, 촌뜨기가 된다. 애디슨도 입심 좋은 메피스토펠레스〔파우스트를 유혹한 악마-옮긴이〕라는 소리를 들었다. 이런 방식은 재미있을지는 몰라도 분별력과는 거리가 멀다. 한번 웃고 말 뿐이지 믿을 게 못 된다.

반면에 애디슨의 방법을 보라. …… 그가 리처드 스틸의 도움으로 지어낸 로저 드 코벌리 경이라는 인물은 단연 성공작이다. 로저 경은 전형적인 토리당원이지만, 이제 우리는 그를 오랫동안 생각해도 그런 성격은 떠오르지 않는다. 떠오른다 해도 그냥 변덕스럽게만 보여 차라리 정감이 갈 정도다. ……

애디슨은 원수를 비방하기는커녕 사람 좋은 노인으로 바꾸어 놓았다. 로저 경이 위험인물일 수 있다는 생각은 우리 머릿속에서 지워졌다. 하지만 그의 말을 진지하게 대해야 한다는 생각도 함께 지워졌다.

Selected Literary Essays(문학 평론선),
"애디슨"

견해차가 언쟁으로 비화해서는 안 된다

　토론과 언쟁은 엄연히 다르건만, 학생도 교수도 문인도 마치 배우지 못한 사람처럼 그 둘을 구분하지 못하니 나로서는 충격입니다. 언쟁을 삼가야 할 이유는 언쟁이 본질에서 벗어나기 때문입니다. 상대는 나를 거짓말쟁이요 위선자라고 욕하느라 정작 내 견해를 논박하는 데 써야 할 시간을 낭비합니다. 설령 상대의 주목적이 화풀이에 있다 해도 방법이 잘못되었습니다. 누구라도 자신의 오류가 밝혀지느니 차라리 욕을 듣고 말 테니까요.

Delta: The Cambridge Literary Magazine(델타: 케임브리지 문학지)
편집부에 보낸 편지, 1961년 2월, *CL 3*(서한집 3)

다른 작가에 대한
루이스의 시선

On Other Writers

조지프 애디슨

이것만은 공정하게 말할 수 있다. 그의 에세이는 다분히 소품이며, 새뮤얼 존슨 같은 무게감 같은 건 없다. 깊은 데를 건드리지도 않는다. …… 무엇보다 애디슨의 글은 편하게 읽힌다. 그 이유로 그를 비판해서는 안 된다. 그는 안절부절못하는 이들을 달래 주는 특효약이다.

Selected Literary Essays(문학 평론선),
"애디슨"

제인 오스틴

그녀의 책에는 딱 두 가지 흠이 있는데 둘 다 치명적이에요. 쓴 책이 너무 적고, 책의 분량이 너무 짧다는 겁니다.

R. W. 채프먼에게 보낸 편지,
1949년 9월 6일, *CL 2*(서한집 2)

프랜시스 베이컨

《베이컨 수상록》(Essays)에 의지하는 이들이 있다니 충격이다. 1625년도에 나온 제3판조차 이상하리만치 평판에 비해 대다수 독자가 실제로 얻은 즐거움이나 유익은 별로 없는 책이고, (내 후임자가 잘 말했듯이) "너 나 할 것 없이 다 읽었다는데 정작 아무도 읽는 것을 본 사람은 없는" 그런 책이다. 사실 따지고 보면 그 책은 딱 청소년용이다.

English Literature in the Sixteenth Century (Excluding Drama)
(희곡을 제외한 16세기 영문학), 에필로그

샬럿 브론테의 《제인 에어》

이번 주에 《제인 에어》(Jane Eyre)를 다시 읽었는데 다른 브론테 자매들〔에밀리 브론테, 앤 브론테-편집자〕이 쓴 책들보다 훨씬 나아. 형이 이 책을 한 번 읽고 다시는 안 펼쳤다는 걸 알지만, (중심 줄거리와 아무런 상관도 없는 고생을 무의미하게 늘어놓은) 처음 몇 장의 학창 시절 부분만 (이번의 나처럼) 건너뛴다면 얼마든지 읽을 만해. 차분하고 소심한 가정교사이자 수줍고 순진하며 올곧고 똑똑한 작은 숙녀의 눈에 지극히 평범한 사람들이 어떻게 비치는지를, 겉보기에 가장 불합리한 남성 인물들을 통해 보는 게 흥미로워. …… 그녀가 생각하는 행복한 결혼 생활 부분이 특히 재미있더라고. 거의 마지막 페이지에서 "우리는 온종일 대화하잖아요"라고 말하는 바로 그 대목 말이야. 아, 불쌍한 남편!

형 워렌 루이스에게 보낸 편지,
1939년 11월 19일, *CL 2*(서한집 2)

존 번연의 《천로역정》

제가 지금 무슨 책을 읽고 있을까요? 바로 우리의 친구 《천로역정》(Pilgrim's Progress)이에요. 대개는 너무 어릴 때 읽어 그 책의 진가를 제대로 모르지만, 아마도 다시 읽지는 않는 그런 책 가운데 하나지요. 저라도 깨닫기를 참 다행이에요. 물론 우화는 뻔하고 유치하기까지 하지만, 그냥 모험담으로서는 비길 데 없으며 '진정한 영어'의 표본이기도 해요. 읽고 나서 존 러스킨이나 토머스 매콜리의 글을 조금만 읽어 보시면, 다이아몬드와 쇳조각의 차이를 발견하실 거예요.

아버지 앨버트 루이스에게 보낸 편지,
1916년 3월 11일, *CL 1*(서한집 1)

제프리 초서

초서에 필적할 사람이 거의 없고, 그를 능가할 사람은 아예 없다.

The Allegory of Love(사랑의 알레고리)

윌리엄 쿠퍼

시인 쿠퍼의 서한집을 읽어 보셨어요? 조용한 시골 마을에 묻혀 산 그는 남에게 해 줄 말이라고는 정말 하나도 없던 사람이에요. 주위에 불건전한 모임이라도 있었으련만 그는 "세상"을 불신하는 복음주의 신앙 때문에 그런 데 기웃거리지 않았지요. 그런데도 그의 서한집을 독파하는 동안 전혀 흥미가 떨어지지 않아요. 저녁 먹다가 이가 흔들렸고 순한 토끼에게 작은 우리를 지어 주었고 오이를 키우느라 무언가를 한다는 맨 그런 내용인데, 마치 제국의 운명이라도 걸려 있는 양 읽는 사람을 쉬이 놓아 주지 않는다니까요.

아버지 앨버트 루이스에게 보낸 편지,
1928년 2월 25일, *CL 1*(서한집 1)

토머스 크랜머

크랜머의 산문에서는 좀처럼 흠을 찾기 어렵지만 이상하게 즐거움도 그다지 느끼기 어렵다. 그의 글은 질질 끌거나 서두르는 법이 없다. 귀를 실망시키지도 않고 의미가 모호한 문장도 (존 폭스에게는 실례지만) 거의 없다. …… 크랜머가 늘 사무적인 입장에서 글을 쓰기 때문이다. 그의 말은 다 위원회의 검열을 거친 것이며, 도무지 생각의 발전은 보이지 않는다. 오로지 합의된 관점을 표현하는 게 관건이다. 보고서를 써 본 사람은 누구나 알듯이 이는 좋은 글을 쓰는 데 몹시 해로운 방식이다.

English Literature in the Sixteenth Century (Excluding Drama)
(희곡을 제외한 16세기 영문학)

새뮤얼 대니얼

그의 연작 소네트 *Delia*(딜리아)에는 …… 새로운 발상도 심리 변화도 없거니와 이야기도 없다. 그냥 어구와 선율만으로도 명작이다. 너무 평범하다고 불평하는 이에게는 "그렇지만 들어 보세요"라고 말할 수밖에 없다. …… 셰익스피어와 마찬가지로 아무리 평범한 문장도 그의 손에 들리면 물 흐르듯 수려해진다. …… 실제로 대니얼의 말을 일반적인 산문으로 핵심만 뽑아 보면 다 평범하지만, 시에 넣으면 단 하나도 평범하지 않다. 시라는 표현 수단 안에서 그의 페트라르카풍 소네트는 우리를 거대한 슬픔과 즐거움으로 초대한다. 과연 물리칠 수 없는 초대다.

English Literature in the Sixteenth Century (Excluding Drama)
(희곡을 제외한 16세기 영문학)

단테 알리기에리

 여전히 단테는 단연 세상 최고의 시성(詩聖)으로 손꼽힐 만하다.

The Allegory of Love(사랑의 알레고리)

 전반적으로 보아 지금까지 내가 읽은 모든 시 가운데 단테의 시가 단연 최고다. 그런데 그의 시가 지닌 탁월함이 최고 정점에 이를 때면, 정작 단테가 하는 일은 별로 없어 보인다. ……

 요컨대 시라는 예술 전반에서 최고 경지는 결국 일종의 물러남이다. 거기에 도달하려면 시인의 눈에 비친 세상 전체가 그의 뇌리 깊숙이 들어와 있어야 한다. 그러면 이제 시인은 길을 비켜나기만 하면 된다. 가만히 있으면 파도가 밀려오고, 산들이 살랑살랑 잎을 흔들고, 빛이 환히

비쳐 들며, 천체가 알아서 회전한다. 이 모두가 시를 짓는 데 필요한 소재이기보다 이미 그 자체로 시다.

감히 고백하자면 단테 이후로는 심지어 셰익스피어도 내게는 약간 인위적인 듯 보인다. 셰익스피어는 거의 "그냥 지어내는" 것 같은데, 단테에게서는 그런 느낌을 받을 수 없다. 단테의 시를 더는 읽지 않는 사람이라 해도 그럴 것이다.

Studies in Medieval and Renaissance Literature
(중세와 르네상스 문학 연구), "단테의 직유법"

월터 데 라 메어

나는 데 라 메어의 시집을 소장한 지 오래됐고 다른 어떤 책보다도 자주 읽어. 예이츠를 비롯한 모든 현대 시인보다 그가 우위에 있다고 생각해. 판타지 요소가 있는데도 다른 누구보다 삶의 기본 진실에 더 가깝다고 느껴지거든.

아서 그리브즈에게 보낸 편지,
1927년 6월 26일, *CL 1*(서한집 1)

사건만 있고 분위기는 없는
알렉상드르 뒤마의 《삼총사》

월터 스콧의 글이 얼마나 좋은지 알려면 알렉상드르 뒤마의 글을 읽어 보면 돼. 뒤마의 작품에 배경이 될 만한 게 하나도 없다는 걸 너도 보았지? 스콧의 작품에는 주인공의 모험 배후에 전체 시대상이 고스란히 반영되어 있거든. 도시와 시골의 조화, 청교도와 기사도, 색슨족과 노르만족, 조연들의 짜릿한 유머가 두루 어우러져 있지. 나아가 그 이면에는 실제 시골, 산지, 날씨, 여행의 분위기 등 영원한 요소가 곳곳에 깔려 있어. 반면에 뒤마를 보면, 당장의 음모만 있지 아무리 배경을 찾아보려 해도 털끝만큼도 없다니까.

이 용맹과 모험의 세계는 추상적일 뿐 도무지 아무 기반이 없어. 인간 본성이나 대자연과의 접점이 없다는 말이야. 장면이 파리에서 런던으로 바뀔 때도 새로운 나라에 왔다는 기분이 전혀 들지 않아. 분위기도 달라지지 않지. 뒤마가 구름이나 길이나 나무를 본 적이 있음을 짐작하게 할 만한 대목은 내 생각에 한 군데도 없어.

요컨대 누군가가 너와 내게 문학이 주는 "위안"이 무슨 뜻이냐고 묻는다면 우리는 "《삼총사》의 반대입니다"라고 답하면 될 거야. 그저 오락물로 쓴 책인데 내 평이 너무 가혹한 걸까? 물론 이야기의 빠른 속도감과 생생함은 장점으로 봐야겠지. 나야 그런 걸 좋아하지 않지만 말이야.

아서 그리브즈에게 보낸 편지,
1933년 3월 25일, *CL 2*(서한집 2)

T. S. 엘리엇의 *The Love Song of J. Alfred Prufrock*
(J. 알프레드 프루프록의 연가)

정서적으로 스트레스가 아무리 심하다 해도 저녁을 저런 식으로 볼 사람은 백만 명 중에 단 한 사람도 없을 겁니다.* 설령 있다 해도 그런 심상이라면 최대한 밀어내야지, 그렇지 않으면 아주 위험하겠지요. 굳이 그 심상을 불러들이고 일부러 되새기고 정상으로 여긴다면, 틀림없이 우리에게 독이 되지 않겠습니까?

캐서린 패러에게 보낸 편지,
1954년 2월 9일, *CL 3*(서한집 3)

---

* 시의 첫 3행은 이렇다.

이제 우리 함께 가요, 그대와 나,
하늘에 펼쳐진 저녁이
수술대 위의 마취된 환자 같을 때.

T. S. 엘리엇의 〈황무지〉

엘리엇의 의도는 하나님만이 아실 테니 나는 그의 작품을 열매로만 판단하겠습니다. 힘주어 말하거니와 〈황무지〉(The Waste Land)를 읽고 힘을 얻어 혼돈에 맞서는 이는 아무도 없습니다. 오히려 대부분의 사람이 더 깊은 혼돈에 빠지지요.

이에 대한 반론은 붕괴를 담아낸 시와 붕괴된 시를 혼동한 결과입니다. 아주 기본적인 혼동이에요. 단테의 〈신곡: 지옥편〉은 지옥 같지 않지만 〈황무지〉는 지옥 같습니다.

폴 무어에게 보낸 편지,
1935년 5월 23일, *CL 2*(서한집 2)

문학 평론가로서의 엘리엇

엘리엇을 어찌하면 좋을까요! 악당도 아니고 바보도 아닌 사람이 어떻게 평론을 그토록 악당이자 바보처럼 쓸까요? 그도 내가 자신을 바로잡아 주려고 최선을 다하지 않았다고는 불평하지 못할 겁니다. 내가 책을 쓸 때마다 꼭 그의 오류 한 가지씩은 지적했으니까요. 그래도 고치지 않으니 배은망덕하다 해야겠지요.

도로시 L. 세이어즈에게 보낸 편지,
1942년 10월 23일, *CL 2*(서한집 2)

랄프 왈도 에머슨

에머슨에 대해 네가 한 말이 맞아. 그의 글을 15분 정도만 읽어도 대개 참신한 아이디어로 가득해지거든. 모든 문장이 의미심장하지. 남들이 에세이 한 편이나 종이 한 장으로 멋들어지게 늘이는 내용을 그는 한 문단에 담아내니 말이야. 물론 잔뜩 농축되어 있어서 읽기 힘들긴 하지. 쉴 틈을 주지 않거든. 대체 그의 문체를 네가 왜 싫어하는지 모르겠어. 나한테는 훌륭해 보이는데 말이지. 이런 사람이 미국인인 게 얼마나 아쉬운지!

아서 그리브즈에게 보낸 편지,
1918년 9월 12일, *CL 1*(서한집 1)

로버트 프로스트

살아 있는 시인 가운데 내가 경외감 비슷한 감정을 느끼는 사람은 몇 안 되는데, 그 가운데 한 사람이 프로스트입니다.

배질 윌리에게 보낸 편지,
1957년 5월 23일, *CL 3*(서한집 3)

너새니얼 호손의 《일곱 박공의 집》

평소에 사람들에게 책을 잘 추천하지 않는 편이지만, 《일곱 박공의 집》(*The House of the Seven Gables*)만큼은 다음에 사서 읽으셔도 된다고 안심하고 권할 수 있어요. 그런데 "미스터리"라고 했던 제 말은 실수였어요. 엄밀한 의미에서의 미스터리는 이 책에 없고, 에밀리 브론테의 《폭풍의 언덕》(*Wuthering Heights*)처럼 피할 수 없는 공포와 운명이 느껴지거든요. 제가 이보다 더 소설을 즐겁게 읽은 적이 있나 싶어요. 악역인 핀천 판사가 집에서 의자에 앉은 채 갑자기 혼자 죽음을 맞이하는데, 이때 의자에 앉아 있는 시체를 묘사하는 장면이 대단해요. 날은 저물어 가고 방 안은 점점 어두워지는데 그의 시계만이 재깍거리지요. 정말이지, 이런 단조로운 설명으로는 어림도 없어요! 꼭 그 멋진 장을 직접 읽어 보세요. ……

앞으로 호손의 작품은 전부 읽을 생각입니다. 이리 뛰어난 작가가 고약하게도 미국인이라니, 얼마나 아쉬운지!

아버지 앨버트 루이스에게 보낸 편지,
1916년 11월 19일, *CL 1*(서한집 1)

리처드 후커

체제마다 우리 앞에 내놓는 우주관이 있는데, 그중 후커의 것에는 무엇에도 비길 데 없는 은혜와 위엄이 있다. …… 그의 우주관보다 더 신성으로 충만한 우주관은 별로 없다. 신성이 뚝뚝 떨어질 정도다. …… 하나님은 형언할 수 없이 초월적 존재이시며, 동시에 형언할 수 없이 내재적인 분이시다. …… 그의 문체도 아마 영어의 모든 문체 중에서 이 취지에 가장 잘 들어맞는 문체일 것이다.

English Literature in the Sixteenth Century (Excluding Drama)
(희곡을 제외한 16세기 영문학)

A. E. 하우스먼

A. E. 하우스먼이 쓴《슈롭셔의 젊은이》(Shropshire Lad)라면 나도 100번은 족히 훑어보았어. 작지만 얼마나 무서운 책인지. 고르곤〔그리스 신화에 나오는 괴물로 주로 공포와 위협을 상징한다-옮긴이〕의 아름다움을 완벽하리만치 치명적으로 그려 냈으니 말이야.

아서 그리브즈에게 보낸 편지,
1929년 10월 6일, *CL 1*(서한집 1)

헨리 제임스

헨리 제임스의 서한집 제1권을 이제 막 모두 읽었습니다. 흥미로운 사람이군요. 지독히 고상한 척하면서도 로버트 루이스 스티븐슨을 좋게 보았거든요. 그야말로 초현실적인 인물입니다. 하나님이나 세상, 전쟁을 몰랐고, 강제로라도 하루도 노동이란 걸 해 본 적이 없었으며, 생활비를 벌어야 했던 적도 없고, 가정도 의무도 없었으니까요.

로저 랜슬린 그린에게 보낸 편지,
1952년 10월 21일, *CL 3*(서한집 3)

새뮤얼 존슨

존슨의 문체보다 더 무의미한 설왕설래가 많았던 주제도 없어. 그가 쓴 최고의 문장들에서 나는 그가 했던 최고의 말과 똑같은 느낌을 받아. "펑! 순식간의 일이었소"라고 했던가. 뭐든 고작 몇 단어로 그렇게 멋지게 압축할 수 있는 사람은 내가 알기로 존슨뿐이야.

형 워렌 루이스에게 보낸 편지,
1928년 8월 2일, *CL 1*(서한집 1)

킹제임스 성경

내 생각에 킹제임스 성경 구절의 다양한 리듬은, 대체로 짧은 문장으로 이루어진 여느 좋은 산문의 리듬과 크게 다르지 않다. 더욱이 내용과 분리한 그 리듬 자체만으로는 우리에게 특별히 훌륭하다고 느껴지지도 않을 것이다.

"칵테일 후에 수프가 나왔으나 수프는 별로 좋지 않더니 수프 후에 식은 파이 조각이 나왔다." 딱히 문제가 있는 나쁜 문장은 아니지만, 이와 리듬이 비슷한 다음 성경 구절과는 완전히 다른 느낌이다. "지진 후에 불이 있으나 주께서 불 가운데에도 계시지 아니하더니 불 후에 세미한 소리가 있는지라"(열왕기상 19장 12절).

English Literature in the Sixteenth Century (Excluding Drama)
(희곡을 제외한 16세기 영문학)

조지프 러디어드 키플링

 키플링은 과연 강렬한 애증의 대상이다. 그를 조금만 좋아하는 독자는 거의 없다. …… 나도 일순간 다양하고 탄탄한 그의 상상을 한껏 즐기다가 어느 한순간 키플링의 작품 세계 전체에 죽도록 염증이 일곤 한다.

Selected Literary Essays(문학 평론선),
"키플링의 세계"

D. H. 로렌스

《채털리 부인의 연인》(Lady Chatterley's Lover)은 영국 정부의 기소에서 쉽게 벗어났다.* 그러나 앞으로 더 막강한 판사를 상대해야 한다. 바로 아홉 명의 여신**이다.

Selected Literary Essays(문학 평론선),
"네 글자 단어들"

---

* 영국 법정에서 외설 혐의로 재판을 받았다.

** 뮤즈들〔그리스 신화에 학문과 예술의 여신으로 나오는 아홉 명의 뮤즈를 가리키며, 여기서는 해당 작품이 문단과 문화 전반의 더 엄격한 재판을 통과해야 한다는 은유로 쓰였다-옮긴이〕

조지 맥도널드의 Phantastes(판타스테스)

이번 주에 굉장한 문학 체험을 했어. 우리 모임의 독서 목록에 올릴 작가를 또 한 사람 발굴했지. 윌리엄 모리스의 《세상 끝의 우물》을 처음 읽은 뒤로 내가 이렇게까지 즐겁게 읽은 책은 없었어. 새로 "만난" 이 작가는 정말 토머스 맬러리나 모리스만큼이나 좋더라고. 그 책은 바로 조지 맥도널드의 "요정 로맨스"(faerie romance)인 Phantastes(판타스테스)야. 지난 토요일에 우리 단골 책방에서 꽤 낡은 보급판을 우연히 접했어. 요즘 보급판 책값이 한 권에 13펜스나 하다니 재미있지 않아? ……

물론 내가 설명해 봤자 어림없지. 네가 직접 주인공 아노도스를 따라 실개천을 끼고 요정 숲으로 가서, 무서운 물푸레나무의 울퉁불퉁한 옹이투성이 손그림자가 주인공이 읽던 책 위에 어떤 식으로 드리우는지 듣고, 요정 궁전에 대해 읽고 …… 코스모의 일화까지 듣고 나면, 분명히 내 말에 맞장구를 칠 거야.

첫 장은 다소 상투적인 동화 문체니 실망해서는 안 돼. 거기만 지나면 절대 끝까지 멈추지 못할 거야.

아서 그리브즈에게 보낸 편지,
1916년 3월 7일, *CL 1*(서한집 1)

조지 맥도널드에게서 받은 영적 치유

조지 맥도널드의 작품을 읽을 때만큼 내가 영적으로 치유되고 정화되는 느낌을 받을 때도 없어.

아서 그리브즈에게 보낸 편지,
1930년 8월 31일, *CL 1*(서한집 1)

마키아벨리

니콜로 마키아벨리의 《군주론》(The Prince, 1513년작)을 언급하지 않고 넘어간다면 …… 온당치 못할 것이다. 중세의 규범을 극도로 배격한 책이니 말이다. 하지만 바로 그래서 마키아벨리는 더더욱 중요치 않다. 그는 너무 멀리까지 갔다. 그의 책을 읽은 사람마다 다 같은 반응을 보였는데, 하나같이 이의 제기였다. 그렇게 구설에 올라서 성공한 책이다. 전제 정치를 진지하게 공부하려던 독자에게 작가가 알려 준 거라고는 모든 인간이 이미 아는 비결에 지나지 않았다. 착해지지 말고 착한 척만 하라는 것인데, 이 공식의 유용성은 어린 시절 가장 초보적인 사회생활의 단계에서 이미 우리도 다 깨달은 것이다.

English Literature in the Sixteenth Century (Excluding Drama)
(희곡을 제외한 16세기 영문학)

현대 미국 시인

현대 영국 시에 대한 제 생각은 신부님과 같습니다. 미국 시가 더 낫습니다. 에드거 리 매스터스, 로버트 프로스트, 로빈슨 제퍼스는 다 정말 무언가 말하려는 메시지가 있지요. 진정한 예술가라 할 수 있습니다.

베데 그리피스 신부에게 보낸 편지,
1954년 4월 22일, *CL 3*(서한집3)

현대 소설

근래에 읽은 책이라고는 바보 같은 현대 소설 한 권뿐이야. 사나운 폭풍이 휘몰아치던 오늘 오후, 소파에 드러누운 채로 단숨에 읽었지.

현대 소설을 그나마 읽을 거라면 꼭 이런 식으로 취급해야 한다고 봐. 한입에 삼켰다가 뱉어 버리는 거지. 이왕이면 불 속에 뱉으면 더 좋고…….

아서 그리브즈에게 보낸 편지,
1916년 6월 28일, *CL 1*(서한집 1)

문학과 예술의 모더니즘

우리가 "감상"을 강요받는 많은 현대 소설과 시와 그림이 좋은 작품이 아닌 이유는, 그것들이 전혀 제대로 된 작업이 아니기 때문이다. 그것들은 소감이나 소견을 쏟아 놓은 웅덩이에 불과하다. 예술가가 엄밀한 의미에서 예술 작업을 할 때는 당연히 독자나 관람객의 기존 취향과 관심사와 역량을 고려한다. 언어나 대리석이나 물감 못지않게 그것도 원재료의 일부며, 따라서 예술가는 이를 무시하거나 거부할 것이 아니라 활용하고 길들이고 승화시켜야 한다. 이에 대한 거만한 무관심은 비범한 재능이나 고결한 태도가 아니다. 오히려 게으름과 무능일 뿐이다.

《세상의 마지막 밤》(*The World's Last Night*),
"선한 일과 선행"

모더니즘, 중얼중얼 징징거리는 시대

 당신과 나는 지독히도 중얼중얼 징징거리는 시대에 거의 한평생을 살았는데, 이 시대가 정말 끝이 날까요? 감히 끝나기를 바라도 될까요? 찬란하고 생동감 넘치는 문학을 다시 볼 수 있을까요?

대프니 하우드에게 보낸 편지,
1950년 2월 20일, *CL 3*(서한집 3)

토머스 모어

현대에 들어 모어가 쓴 영어 산문을 예찬하곤 한다. 나도 거기에 수긍할 수 있으나 단 중대한 단서가 있다. …… 모어의 책을 50페이지쯤 쭉 읽노라면 감탄할 만한 문구도 많이 나오지만, 길고 무기력한 문장과 어설프게 남발되는 수식어도 보인다. 생동감 있는 리듬감이라고는 찾아보기 힘들다. ……

주요 원인은 명료성과 완성도를 보는 모어의 개념이 법적 차원을 넘어 문학적 차원으로 나아가지 못했기 때문이다. 그의 중언부언은 가능한 모든 허점을 막으려는 헛수고다. 더 나은 예술가는 지성의 빛과 감성의 온기 속에 타오르는 자신의 구상을 독자에게 그 빛과 온기를 통해 피력한다. 반면에 모어는 만연체와 간결체의 이점을 모두 잃는다. 번갯불처럼 번득이는 기지도 없고, 그렇다고 생각과 느낌이 밀물처럼 차오르지도 않는다. 문체가 답답하고 흐물흐물하다.

그의 좋은 문구에 관해서라면 독자가 이미 그 성격을 간파했다. 좋은 문구는 모어가 최대한 허세를 내려놓을 때 나타나며, 그때의 운치와 핵심과 영어다움이 그나마 그의 산문을 살려 낸다. …… 모어의 작품에서 가장 좋은 부분은 거의 다 코믹하거나 코미디에 가깝다.

English Literature in the Sixteenth Century (Excluding Drama)
(희곡을 제외한 16세기 영문학)

조지 오웰의 《1984》보다
《동물 농장》을 좋아하는 이유

여기 동일한 작가가 쓴 두 권의 책이 있고, 다루는 주제도 본질상 동일하다. 둘 다 아주 쓰라리고 솔직하고 명예로운 "전향"이다. 작가도 한때는 전간기〔戰間期; 일차대전과 이차대전 사이의 기간-옮긴이〕에 흔하던 부류의 혁명주의자였으나, 나중에 깨닫고 보니 모든 전체주의 통치자는 소속 진영과 무관하게 똑같이 인류의 적이었다. 그 환멸이 두 작품에 담겨 있다.

우리 모두와 관련된 주제이자 널리 공유된 환멸이다 보니, 두 권 다든 그중 하나든 독자가 많다는 사실이 놀랄 일은 아니다. 분명히 둘 다 유명 작가의 작품이기도 하다. 다만 내가 당혹스러운 것은 대중이 《1984》를 확연히 선호한다는 점이다. 내가 보기에 그 책은 신어〔新語; 이 소설에 등장하는 가상 언어-옮긴이〕에 대한 멋진 분리형 부록을 제외하고는 흥미롭긴 하지만 미흡할 따름이다. 반면에 《동물 농장》(Animal Farm)은 소설의 발단이 된 특수하고 (바라건대) 한시적인 현실보다 훨씬 오래도록 살아남을 명작이다.

우선 《동물 농장》이 훨씬 내용이 짧다. 물론 짧다는 것

자체로 작품이 더 좋아지지는 않는다. 나부터가 전혀 그렇게 생각하지 않는다. 시인 칼리마코스는 분량이 많을수록 나쁜 책이라 했지만, 내가 보기에 그는 아주 현학적인 사람이다. 나는 독서욕이 왕성해서 이왕이면 두툼한 책이 좋다. 다만 이 두 권의 경우는 긴 책이 하는 모든 일을 짧은 책도 할뿐더러 그 이상도 하는 것 같다. 긴 책의 많은 분량이 결코 정당화되지 않는다. 그 안에 불필요한 부분이 들어 있으며, 그 부분이 어디인지 누구라도 알 만하다.

《1984》에 나오는 악몽 같은 국가의 통치 세력은 성욕을 통제하는 이상한 선전 활동에 많은 시간을 할애한다. 따라서 작가와 독자도 거기에 똑같이 많은 시간을 들여야 한다. 사실 남녀 주인공의 연애는 애정이나 욕구의 자연스러운 표출 못지않게 그 선전 활동에 저항하는 몸짓으로 보인다. …… 이는 《1984》가 《동물 농장》보다 시종 하위임을 보여 주는 가장 명백한 결함이다. 《1984》에는 작가의 심리가 너무 많이 들어가 있다. 예술가로서 작품의 취지에 맞게 가지를 쳐 내거나 정제하지 않고 인간으로서 자신의 감정에 과도히 매몰되어 있다.

반면에 《동물 농장》은 차원이 전혀 다른 작품이다. 작품 전체가 일정한 거리를 확보한 상태에서 투영되며, 덕분에 우화로 변해 스스로 말한다. 작가는 혐오스러운 광경을 우리에게 보여 줄 뿐이지 자신의 혐오에 휩쓸려 말을 더듬거나 웅얼거리지 않는다. 이미 취지에 맞게 감정을 다 녹여 냈으므로 감정 때문에 무력해지지 않는다. 그리하여 풍자는 더 신랄해지고 (긴 작품에 없는) 위트와 유머도 통렬한 효과를 낸다. "모든 동물은 평등하지만 어떤 동물은 다른 동물보다 더 평등하다"라는 명문장이 《1984》 작품 전체보다 더 정곡을 찌른다.

이렇듯 둘 중 짧은 책은 긴 책이 하는 모든 일을 하면서 그 이상도 한다. 오웰이 등장인물을 모두 동물로 바꾸자 역설적으로 등장인물의 인간성이 더 온전히 살아난다. 《1984》에 등장하는 폭군들의 잔혹성은 역겹지만 비극은 아니다. 살아 있는 고양이의 살가죽을 벗길 때처럼 역겹지만, 두 딸 리건과 고너릴이 리어왕을 잔혹하게 대할 때처럼 비극은 아니다(셋 다 셰익스피어의 《리어왕》에 등장한다-옮긴이).

비극이 성립되려면 피해자가 최소한 일정 수준에 이르러야 하는데, 《1984》의 남녀 주인공은 그 최소한에 미치지 못한다. 그들은 고생할 때만 그나마 흥미를 끈다. 이는 분명히 실생활에서는 우리의 동정을 사기에 충분하지만 소설에서는 아니다. 고통을 당해야만 존재감을 얻는 주인공이라면 실패작이다. 이 이야기의 남녀 주인공이 바로 그런 밋밋하고 하찮은 인물이다. 그들을 여섯 달 동안 매주 소개받아도 아마 기억조차 나지 않을 것이다.

《동물 농장》은 모든 면에서 이와 다르다. 돼지의 탐욕과 간교가 (역겨울 뿐 아니라) 비극인 까닭은 돼지에게 착취당하는 모든 정직하거나 너그럽거나 용감한 동물에게 저절로 우리 마음이 쓰이기 때문이다. 복서라는 말의 죽음은 《1984》에 상술된 모든 잔혹성보다 더 우리를 감동시킨다. 감동시키다 못해 설복하기까지 한다. 동물로 위장한 소설인데도 독자는 현실 세계에 들어와 있는 느낌이다. 폭식하는 돼지와 덥석 무는 개, 용감한 말로 이루어진 이 집단이 바로 인류의 모습이다. 아주 착하면서도 아주 못됐고 아주 한심하면서도 아주 명예롭다. 인간이 오직 《1984》의 등장인물 같기만 하다면 그들에 대한 이야기를 쓸 가치가 없을 것이다. 오웰은 인간을 동물 우화에 담아내고 나서야 비로소 인간을 제대로 보게 된 듯하다.

끝으로 《동물 농장》의 형식은 완벽에 가깝다. 가벼움과 힘이 균형을 이루며, 작품 전체에 기여하지 않는 문장이 하나도 없다. 이 우화는 작가가 하려는 말은 다 하면서 (똑같이 중요하게) 그 밖의 말은 전혀 하지 않는다. 호라티우스풍 송가나 치펀데일 양식의 의자만큼이나 두고두고 독자를 만족시켜 줄 작품이다.

그래서 나는 《1984》의 인기가 더 높다는 사실이 실망스럽다. 물론 책의 분량도 존중되어야 마땅하다. 서점에서 짧은 책은 팔리지 않는다고 한다. 그만한 이유가 있다. 주말의 독자는 일요일 저녁까지 읽을 거리를 원하고, 여행객은 글래스고에 도착할 때까지 읽을 만한 책을 찾는다.

또한 《1984》가 속한 장르는 이제 동물 우화보다 더 친숙해졌다. 일명 디스토피아 장르라 할 수 있는데, 이처럼 미래를 악몽으로 보는 관점은 아마도 허버트 조지 웰스의 《타임머신》과 *The Sleeper Awakes*(잠에서 깬 사람)에서부터 시작되었다. 이 책이 인기 있는 이유가 그것으로 충분했으면 좋겠다. 만일 독자들의 상상력이 너무 메말라 모든 소설에서 사실주의 형식을 요구할 뿐 어떤 우화도 "아동 도서" 이상으로 대할 수 없다거나, 《1984》의 베드신이 꼭 필요한 양념처럼 되어 이제 그것 없이는 어떤 책도 팔릴 수 없다는 결론에 이르게 된다면 정말 우려스러울 것이다.

On Stories(이야기에 관하여),
"조지 오웰"

베아트릭스 포터

당신을 방문할 수 있기만을 바라며 특히 포터 양까지 만날 수 있다면 좋겠습니다. 앵글로색슨어를 가르치는 J. R. R. 톨킨 교수가 내게 짚어 준 사실이 있습니다. 그녀가 단어의 리듬감을 아주 탁월하게 살리면서 아이가 던질 법한 질문에 답하기 위해 한 페이지에 열 단어 정도를 쓰는데, 그 예술이 거의 서정시 못지않게 치밀하다는 것입니다. 그녀는 과연 영어 산문의 거장입니다.

델마 배너에게 보낸 편지,
1942년 11월 30일, *CL 2*(서한집 2)

단테의 시를 번역한 도로시 L. 세이어즈에게

(당신의 번역에 대해 최대한 정확히 쓰고 싶어도 이제는 그러지 못하겠지만) 이 말이 당신은 물론이고 단테까지도 기쁘게 하리라 믿습니다. 처음에는 번역을 평가해 볼 마음으로 책을 폈는데, 시 몇 편 만에 번역일랑 다 잊고 단테 생각만 나더군요. 몇 편 더 읽고는 단테까지도 다 잊고 연옥만 생각했습니다. 요컨대 원문과 역문이 워낙 조화를 이루어 조금의 충돌도 없었습니다. 당신의 공로를 묻는 사람에게 "미처 알아차리지 못했습니다"라고 답한다면 새로운 방식의 찬사겠지만, 번역에 대한 찬사로는 최고라 생각합니다.

도로시 L. 세이어즈에게 보낸 편지,
1955년 7월 31일, *CL 3*(서한집 3)

스콧과 디킨스와 톨스토이의 깨인 마음

나는 찰스 디킨스를 좋아하지만 그게 저급한 취향이라고 생각하지는 않습니다. 애정(affection)에 관해서만은 그는 훌륭한 작가예요. 그와 (내가 아주 좋아하는 또 다른 작가인) 레프 톨스토이만이 애정을 제대로 다룹니다. 물론 디킨스의 과오는 (자신을 희생하는 거룩한 사랑인) 아가페를 애정으로 대신할 수 있다고 생각하는 겁니다.

데이비드 세실의 말처럼 월터 스콧은 사고는 개화되지 않았지만 마음이 깨인 사람이에요. 그에게서는 기품과 아량과 관용이 절로 흘러나옵니다.

베데 그리피스 신부에게 보낸 편지,
1954년 1월 23일, *CL 3*(서한집 3)

윌리엄 셰익스피어의 두 가지 탁월성

셰익스피어의 특징은 바로 두 가지 탁월성을 겸비했다는 것이다(유한한 인간으로서 그 정도면 충분하다). 다른 어떤 예술가도 이 둘을 눈에 띌 정도로 조합하지는 못했다. 하나는 서정적 상상력이 최고 수준으로 뛰어나다는 것이고, 또 하나는 그러면서도 인간의 삶과 성격을 지극히 사실적으로 묘사한다는 것이다.

Selected Literary Essays(문학 평론선),
"셰익스피어의 차별성"

셰익스피어의 《햄릿》, 성공보다 나은 실패

"확실히 예술의 실패작이다." 논쟁이 일 때마다 마침내는 이 결론을 지지하지만, 《햄릿》(Hamlet)을 다시 읽으면 이내 달라진다. 다시 읽으면, 이것은 분명 실패작이나, 실패가 성공보다 낫다는 말이 절로 나온다. 이런 "부실한" 희곡이 더 많았으면 싶어진다. 처음에 유령 장면을 어린아이처럼 읽던 때부터 시작해서 《햄릿》에 관한 시험지를 채점하다가 《햄릿》자체를 몇 페이지 슬쩍 읽던 그 천금의 순간에 이르기까지, 과연 이 작품이 한시라도 매혹을 잃은 적이 있던가? …… 과연 《햄릿》만의 맛이 있는데, 그 풍미가 작품 구석구석에까지 스며 있어 짤막한 문구 하나만으로도 식별될뿐더러 한 번 맛본 사람은 또다시 찾게 된다. 그 맛이 그리워질 때면 다른 그 어떤 책으로도 그것을 대신하지 못한다.

Selected Literary Essays(문학 평론선),
"햄릿: 왕자인가 시인가?"

인간 현실의 영원한 신비를 묘사한 셰익스피어

우리가 햄릿의 대사를 관심 있게 읽는 주된 이유는 특정한 영적 영역이 아주 잘 묘사되어 있어서다. 우리 대부분이 그곳을 통과해 왔고, 또 누구라도 햄릿의 상황에 처하면 그곳을 통과할 것이다. ……

우리네 인간 현실의 진정하고 영원한 신비가 탁월하게 묘사되어 있다.

Selected Literary Essays(문학 평론선),
"햄릿: 왕자인가 시인가?"

퍼시 셸리의 Prometheus Unbound
(풀려난 프로메테우스)

Prometheus Unbound(풀려난 프로메테우스)는 19세기의 가장 위대한 장시(長詩)이고, 완벽에 가까운 최고 수준의 장시로서는 19세기에서 유일하다. ……

인간을 완전히 해체하고 재창조해야 할 필요성을 셸리보다 더 예민하게 느끼거나 더 묵직하게 제기한 시인은 내가 알기로는 없다. 인간은 존재의 어두운 심연에서 그 과정을 거쳐야 한다. 신학자 프리드리히 폰 휘겔이 말한 거듭남의 "값비싼 대가"와 비슷한 표현을 이 책 외에 (세속 문학의) 다른 책에서는 찾아보기 어렵다. ……

제4막은 내가 감히 분석하지 않겠다. 그것은 열광이자 격동이고, 걷잡을 수 없이 복잡하게 뒤얽힌 광휘다. 길지만 너무 길지는 않다. 이토록 한결같은 희열을 우리 앞에 내놓은 다른 시인은 영국에도 없고 어쩌면 세상 어디에도 없을 것이다. 음악으로 그 일을 해낼 사람은 더러 있겠지만 언어로는 지금껏 거의 없었다.

Selected Literary Essays(문학 평론선),
"셸리, 드라이든, 엘리엇"

필립 시드니의 Arcadia(아케이디아)

시드니의 *Arcadia*(아케이디아)를 즐겁게 읽고 있어. ……책 자체가 화려한 연회야. 이 특별한 매력을 어떻게 설명해야 할지 모르겠어. 내가 지금까지 읽은 그 어떤 책과도 완전히 다른데, 또 군데군데 그 모든 책과 비슷한 곳도 있거든. 어떨 때는 토머스 맬러리 같고, 종종 에드먼드 스펜서를 떠올리게 하는 부분도 나오는데 또 그 둘과는 엄연히 다르단 말이지. 우선 풍경을 정교하게 묘사한 대목(아직 한 번밖에 없었지만 더 나왔으면 좋겠어)이 그 둘과는 거리가 멀어. 아, "평생 늙지 않을 것처럼 피리를 부는" 목동은 (제임스 스티븐슨의 1912년작) *The Crock of Gold*(황금 항아리)를 생각나게 하지 뭐야.

결론은 시드니는 다른 그 어느 작가하고도 같지 않다는 거야. 시드니는 그냥 시드니야.

아서 그리브즈에게 보낸 편지,
1916년 6월 20일, *CL 1*(서한집 1)

에드먼드 스펜서의 〈선녀여왕〉

출간 당시(1596년 완간-옮긴이)에서 1914년경까지 이 시는 만인의 시였다. 이 책을 통해 수많은 소년이 자신이 시를 좋아한다는 걸 처음 깨달았다. 호메로스나 윌리엄 셰익스피어나 찰스 디킨스의 책처럼 즉시 모든 독자의 상상을 사로잡던 책이다. 그런데 스펜서는 핀다로스나 존 던, 로버트 브라우닝 같은 시인의 반열에 오르지 못했다. 이 시인들의 시는 어려워도 대개 전문을 직접 읽는다. 그런데 어쩌다 우리가 그런 접근법을 잃어버렸는지 모르겠다. 해설서와 "문학사"를 거치는 접근법은 안타깝게도 대다수 명작보다 〈선녀여왕〉(The Faerie Queene)에 더 큰 피해를 입혔다. ······

이 시는 웅장한 궁전이지만 들어가는 문이 아주 낮아서 몸을 굽혀야 한다. 현학적인 사람은 스펜서 작품의 진가를 알 수 없다. 물론 이 시는 단순히 동화에 그치지 않고 훨씬 그 이상이지만, 먼저 동화로 즐길 수 없는 사람은 딱히 이 시를 소중히 여기지 않을 것이다.

Studies in Medieval and Renaissance Literature
(중세와 르네상스 문학 연구), "에드먼드 스펜서"

로렌스 스턴의
《신사 트리스트럼 섄디의 인생과 생각 이야기》

오늘 ……《신사 트리스트럼 섄디의 인생과 생각 이야기》를 열 페이지쯤 읽었는데 뭐가 좋은지 통 모르겠어. 세상에서 가장 미친 책인 건 분명해. …… 꼭 탈출한 정신 이상자가 바람 부는 5월의 아침에 자신의 모자를 잡으려고 쫓아다니면서 중얼거리는 말 같거든.

아서 그리브즈에게 보낸 편지,
1916년 10월 25일, *CL 1*(서한집 1)

윌리엄 새커리

새커리의 문제는 그가 선(善)을 고작 친절 정도로밖에 상상할 줄 모른다는 것입니다. 그의 작품에 나오는 "선한" 인물은 하나같이 순진하다 못해 얼간이입니다. 이는 르네상스를 따라 들어와 퍼진 교묘한 독소지요. 이제 (똑똑하고) 교활한 악당과, 그로 인해 "바보"임이 더욱 부각되는 영웅이 등장합니다. 중세까지만 해도 아무도 헤롯을 영리한 인물로 그리지 않았고, 악마가 완전히 멍청이라는 걸 모두가 알았습니다. 선을 귀엽고 "실없고" 유치하게 여기는 듯한 새커리의 윤리는 정말 불신앙입니다. 의지를 정화하면 (모든 조건이 동일할 경우) 지성도 깨어난다는 개념은 찾아볼 수 없습니다.

베데 그리피스 신부에게 보낸 편지,
1954년 1월 30일, *CL 3*(서한집 3)

J. R. R. 톨킨의 《호빗》

출판계에서는 《호빗》(The Hobbit)이 《이상한 나라의 앨리스》(Alice in Wonderland)와는 사뭇 다르지만 교수가 하나의 놀이로서 한 작품 활동이라는 점에서 비슷하다고 말한다. 하지만 더 중요한 사실은, 이 두 작품이 극히 드문 부류에 속하는데, 그 부류의 책들은 우리를 저마다의 고유한 세계로 불러들인다는 점 외에는 아무런 공통점도 없다는 것이다.

그 세계는 우리가 어쩌다 거기로 들어서기 전에도 쭉 있었던 것 같으나, 일단 적합한 독자가 발견하고 나면 없어서는 안 될 곳이 된다. 루이스 캐럴의 《이상한 나라의 앨리스》, 에드윈 애벗의 《플랫랜드》(Flatland), 조지 맥도널드의 Phantastes(판타스테스), 케네스 그레이엄의 《버드나무에 부는 바람》 등에 그런 세계가 나온다.

물론 《호빗》의 세계는 새로운 세계라서 지금은 그곳을 뭐라고 규정할 수 없다. 일단 그곳에 가 보면 잊을 수 없지만, 가 보기 전에는 예상할 수 없다. ……

그 변화가 얼마나 필연적이며 주인공의 여정에 어떻게 보조를 맞추어 진행되는지 알려면 직접 읽어 봐야 한다. 신기한 것투성이지만 자의적 요소는 하나도 없다. 책 속 야생지대(Wilderland)에 사는 모든 주민도 의문의 여지없이 우리와 똑같이 존재할 권리가 있어 보인다. 다만 그들을 만나는 행운을 거머쥔 어린이는 그들 또한 우리의 혈통과 전통의 깊은 뿌리에서 나왔음을 아직 모를 테고, 어른이라도 교육을 받지 않았다면 사정은 크게 다르지 않을 것이다.

이 책은 아이 방에서 처음 읽게 될 수 있다는 의미에서만 아동 도서라는 점을 꼭 알아야 한다. 《이상한 나라의 앨리스》는 아이들은 진지하게, 어른들은 웃으면서 읽게 되는 책이다. 반면에 《호빗》은 꼬마 독자에게는 한없이 재미있을 것이고, 그러다 세월이 흘러 이 책을 열 번째 혹은 스무 번째 읽을 즈음에야 비로소 다음 사실을 깨닫게 될 것이다. 책 전체가 그토록 원숙하고 따뜻하면서 그 나름의 현실인 것이, 다름 아닌 작가의 뛰어난 학식과 깊은 성찰에서 나온 것이었음을 말이다. 예측이란 위험한 일이지만, 《호빗》은 고전의 반열에 들 것이다.

《이야기에 관하여》(*On Stories and Other Essays in Literature*), "호빗"

J. R. R. 톨킨의
《반지의 제왕》(The Lord of the Rings)

이 책(《반지의 제왕》의 1부인 《반지 원정대》(The Fellowship of the Ring) - 편집자)은 마른하늘에 번쩍이는 번개와도 같다. 윌리엄 블레이크의 시집 《순수의 노래》(Songs of Innocence)가 그 시대에 그랬던 것처럼 우리 시대에서 단연 독보적이고 예측을 불허하는 책이다. 낭만주의라면 병적이리만치 배격하는 이 시대에 갑자기 영웅 판타지가 찬란하고 유창하고 호기롭게 복고했다는 말만으로는 부족하다. 별난 시대에 살고 있는 우리에게야 이 복고가 한없는 안도감과 더불어 꽤 중요하다. 하지만 〈오디세이아〉와 그 이전으로까지 거슬러 올라가는 영웅 판타지 자체의 역사로 보자면, 이는 복고가 아니라 발전이나 혁명이다. 신대륙 정복이다.

이런 작품은 일찍이 없었다. 나오미 미치슨은 "맬러리의 작품만큼이나 진지하게 대해야 할 책이다"라고 썼다. 그런데 토머스 맬러리가 쓴 《아서왕의 죽음》(Le Morte d'Arthur)에서 느껴지는 불가항력의 현실감은 수 세기를 거치는 동안 여러 사람이 수고하며 점점 더 불어넣은 것이고, 그것이 작품 속에 자연스럽게 녹아들었다. 하지만 톨